글로벌 역량 UP

비즈니스
일본어

글로벌 역량 UP

비즈니스 일본어

2판 1쇄 발행　　2025년　6월　4일
초판 1쇄 인쇄　　2021년　6월　9일
초판 2쇄 발행　　2022년 10월 14일

지은이	핫크리스탈
발행인	임충배
홍보/마케팅	양경자
편집	김인숙, 왕혜영
디자인	서해숙, 김수연
펴낸곳	도서출판 삼육오(PUB.365)
제작	(주)피앤엠123

출판신고 2014년 4월 3일
등록번호 제406-2014-000035호

경기도 파주시 산남로 183-25
TEL 031-946-3196 / FAX 031-946-3171
홈페이지 www.pub365.co.kr

ISBN 979-11-94543-27-5 13730

글로벌 역량 UP

비즈니스 일본어

머리말

일본어를 잘하시는 분들도 격식을 갖춘 비즈니스 일본어를 대단히 어려워합니다. 단순히 수준 높은 어휘를 구사하는 것에 그치지 않고 본인이 속한 집단이나 상대방과의 관계에 큰 영향을 받는 '상대경어'에 대해 바르게 이해하고 있어야 하기 때문이죠. 또한 존경어와 겸양어가 확실하게 구분되어 있다는 점뿐만 아니라 정형화된 이메일 양식, 어떤 상황에서나 빠짐없이 나오는 쿠션어 등은 외국인 학습자들을 정말 힘들게 만듭니다.

하지만 많은 분이 어려워하시는 만큼 제대로 학습하기만 한다면 남들과 차별화된 모습을 보여줄 수 있고 비즈니스에 한층 자신이 생겨, 많은 기회를 얻을 수 있다고 생각합니다.

여러 업종에서 종사하시는 분들을 만나 강의를 하며 일본어로 비즈니스를 할 때의 고충을 반영하여 제작하게 된 것이 바로 『비즈니스 일본어』입니다. 이 책은 비즈니스 일본어가 생소하신 분들부터 어느 정도 구사할 수는 있으나 항상 애매하게 알고 있어 확실하게 배우고 싶어하시는 분들까지 폭넓은 독자를 고려했습니다.

이 책에서 기대할 수 있는 학습 효과는 다음과 같습니다.

- 경어의 기본을 다질 수 있다.
- 후리가나를 확인하며 정확하게 학습할 수 있다.
- 반복되는 패턴을 익혀 적재적소에 활용할 수 있다.

- 관계나 상황에 맞는 표현을 공부하여 하고자 하는'말을 바르게 전달할 수 있다.
- 격식을 갖춘 자리에서도 자연스럽게 대화를 이어나갈 수 있는 자신감이 생긴다.
- 원어민의 음성을 듣고 따라 하며 발음과 억양을 익힐 수 있다.

저 역시 오랜 기간 일본에서 생활했지만 경어는 끊임없이 학습해야 하는 분야라는 것을 실감했고, 같은 생각을 하는 현지인들을 숱하게 만나왔습니다. 일본 회사에서 신입사원을 대상으로 경어를 교육하는 것도 그만큼 어렵고 중요하기 때문이 아닐까 싶습니다.

가치 있는 것을 얻을 때까지는 시간이 다소 걸리는 법입니다. 포기하고 싶어지는 순간도 있겠지만 꾸준한 학습이 가져다주는 달콤함을 이 책과 함께 느껴보는 것은 어떨까요. 여러분이 비즈니스를 하는 데 있어서 일본어로 더이상 고통받지 않길 바라며 알차게 구성해봤습니다.

소망하시는 일 이루시기를 진심으로 기원합니다.

저자 **핫크리스탈**

학습 방법

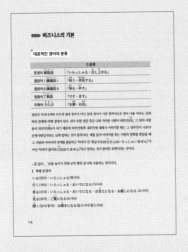

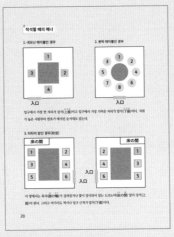

▌비즈니스의 기본   본격적인 학습에 앞서 알아야 할 비즈니스의 기본 내용을 준비했습니다. 경어의 종류에는 무엇이 있는지, 식사 자리에서 지켜야 할 매너는 무엇인지 등등의 비즈니스 기본을 학습할 수 있습니다.

* 저자의 동영상 강의 무료 제공(QR코드)

▌비즈니스 핵심 대화문   주제별 비즈니스 상황 대화문을 읽고, 4개의 핵심 표현을 배웁니다. 한글 해설과 더불어 필요한 단어를 익힐 수 있고, 생생한 원어민 음성이 담긴 MP3 파일로도 제공됩니다.

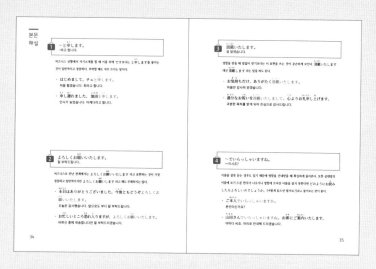

비즈니스 본문 해설 앞선 비즈니스 대화문에 붉게 표시된 4개의 핵심 표현을 더욱 자세히 들여다볼 수 있는 코너입니다. 각각의 핵심 표현의 적절한 쓰임새는 물론, 응용 가능한 표현들까지 두루 익힐 수 있습니다.

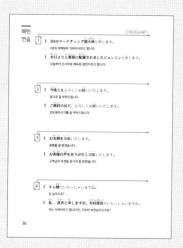

패턴 연습 4개의 비즈니스 핵심 표현을 반복해서 익힐 수 있도록 연습하는 코너입니다. 원어민 MP3자료를 들으며 따라해 보세요. 다양한 표현 학습을 위해 패턴화하지 않은 문장도 함께 소개합니다.

＊ 원어민 음성 MP3 파일 무료 제공(QR코드 or 홈페이지에서 다운로드)

목차

1. 비즈니스의 기본

2. 만나서 인사 나누기

처음 만났을 때의 인사

지인과의 인사

목차

4. 이메일 보내기

인사하기

요청하기

공지하기

답신하기

5. 회의/이벤트/세미나

시작

진행

6. 회식/접대

1

비즈니스의 기본

동영상 강의

원어민 MP3

📎 대표적인 경어의 분류

5종류	
존경어 尊敬語 そんけいご	「いらっしゃる・召し上がる」 め あ
겸양어 I 謙讓語 I けんじょうご	「伺う・拝見する」 うかが はいけん
겸양어 II 謙讓語 II けんじょうご	「参る・申す」 まい もう
정중어 丁寧語 ていねいご	「です・ます」
미화어 美化語 びかご	「お酒・お店」 さけ みせ

일본은 우리나라와 다르게 절대 경어가 아닌 상대 경어가 기본 원칙이므로 경어 사용 여부는 상대와의 관계에 의해 결정이 된다. 내가 속한 집단 혹은 나와 가까운 사람이 내부인(内), 그 외의 사람들이 외부인(外)이 되기 때문에 외부인에게 내부인에 대해서 이야기할 때는 그 내부인이 나보다 손윗사람일지라도 낮춰 말하는 것이 원칙이다. 예를 들어 아버지를 찾는 사람의 전화를 받았을 때 그 사람과 아버지의 관계를 불문하고 '아버지 안 계십니다(お父さんはいらっしゃいません)'가 아닌 '아버지 없어요(父はおりません)'라고 말하는 것이 올바른 표현이라는 것이다.

• 존경어 _ 남을 높이기 위해 남의 행위 동사에 사용하는 경어이다.

┃ 특별 존경어

いる(있다) : いらっしゃる(계시다)
行く(가다) : いらっしゃる・おいでになる(가시다)
来る(오다) : いらっしゃる・おいでになる・お見えになる・お越しになる (오시다)
見る(보다) : ご覧になる(보시다)
聞く(듣다/묻다) : お聞きになる(들으시다/물으시다)

食べる(먹다)・飲む(마시다) : 召し上がる(드시다)

言う(말하다) : おっしゃる(말씀하시다)

会う(만나다) : お会いになる(만나시다)

着る(입다) : お召しになる(입으시다)

知る(알다)・知っている(알고 있다) : ご存知だ(아시다, 알고 계시다)

する(하다) : なさる(하시다)

くれる(주다) : くださる(주시다)

1 来る

🎧 01_a1.mp3

ぜひ、一度遊びにいらっしゃってください・いらしてください。

꼭 한 번 놀러 오세요.

本日はお越しくださいましてありがとうございます。

오늘은 와주셔서 감사합니다.

2 見る

まず、お手持ちの資料をご覧ください。

우선 가지고 계신 자료를 봐주세요.

弊社のホームページをご覧いただきまして、誠にありがとうございます。

저희 회사 홈페이지를 봐주셔서 정말 감사합니다.

3 言う

課長のおっしゃるとおりです。

과장님 말씀이 맞습니다.

ご用意いたしますので、いつでもおっしゃってください。

준비할 테니 언제든 말씀해 주세요.

15

④ 食べる

お早めにお召し上がりください。

빨리(식기 전에/상하기 전에) 드세요.

⑤ なさる

ご注文は何になさいますか。

주문은 뭘로 하시겠어요?

先生、普段運動なさってますか。

선생님, 평소에 운동하세요?

▍ 일반 동사를 존경어로 만드는 방법

동사+れる・られる(수동형)

行く(가다) → 行かれる(가시다)

来る(오다) → 来られる(오시다)

話す(이야기하다) → 話される(이야기하시다)

見る(보다) → 見られる(보시다)

出る(나가다) → 出られる(나가시다)

買う(사다) → 買われる(사시다)

する(하다) → される(하시다)

死ぬ(죽다) → 死なれる(X)   亡くなる(죽다) → 亡くなられる(돌아가시다)

① 行く   🎧 01_b1.mp3

正月はどこか行かれるんですか。

설날은 어디 가시나요?

2 買^かう

そのスーツ、どこで買^かわれましたか。

그 양복 어디서 사셨어요?

3 話^{はな}す

社長^{しゃちょう}がここはパフェが美味^{おい}しいと話^{はな}されていたので、頼^{たの}んでみました。

사장님이 여기는 파르페가 맛있다고 하셔서 시켜봤어요.

お・ご+동사ます형/동작성 명사+になる

伝^{つた}える(전달하다)→お伝^{つた}えになる(전달하시다)

読^よむ(읽다)→お読^よみになる(읽으시다)

出^でかける(외출하다)→お出^でかけになる(외출하시다)

戻^{もど}る(돌아오다)→お戻^{もど}りになる(돌아오시다)

利用^{りよう}する(이용하다)→ご利用^{りよう}になる(이용하시다)

出席^{しゅっせき}する(출석하다)→ご出席^{しゅっせき}になる(출석하시다)

連絡^{れんらく}する(연락하다)→ご連絡^{れんらく}になる(연락하시다)

死^しぬ(죽다)→お死^しになる(X)　亡^なくなる(죽다)→お亡^なくなりになる(돌아가시다)

* ご利用^{りよう}なさる(이용하시다)・ご連絡^{れんらく}なさる(연락하시다) 등과 같이 ご+동작성

명사+なさる와 같이 사용할 수도 있다.

1 読^よむ

🎧 01_c1.mp3

今朝^{けさ}の新聞^{しんぶん}、お読^よみになりましたか。

오늘 아침 신문 읽으셨어요?

2 戻る
<ruby>戻<rt>もど</rt></ruby>る

いつ<ruby>頃<rt>ごろ</rt></ruby>お<ruby>戻<rt>もど</rt></ruby>りになりますか。

언제쯤 돌아오시나요?

3 利用する
<ruby>利用<rt>りよう</rt></ruby>する

お<ruby>部屋<rt>へや</rt></ruby>でインターネットをご<ruby>利用<rt>りよう</rt></ruby>なさいますか。

방에서 인터넷을 이용하세요?

• 겸양어 _ 나를 낮춤으로서 상대를 높이기 위해 사용하는 경어이다. 겸양어 Ⅰ, Ⅱ 모두 내 행위 동사에 사용하는 것은 동일하나 겸양어 Ⅰ은 일반적으로 본인의 행위가 높여야 하는 대상을 향할 때 사용하며 겸양어 Ⅱ는 이야기에 등장하는 대상과 청자를 고려하여 본인의 행위를 낮출 의도로 사용하게 된다. 여기서는 편의상 따로 분류하지 않는다.

│ 특별 겸양어

いる(있다) : おる

<ruby>行<rt>い</rt></ruby>く(가다) : <ruby>参<rt>まい</rt></ruby>る・<ruby>伺<rt>うかが</rt></ruby>う

<ruby>来<rt>く</rt></ruby>る(오다) : <ruby>参<rt>まい</rt></ruby>る

<ruby>見<rt>み</rt></ruby>る(보다) : <ruby>拝見<rt>はいけん</rt></ruby>する

<ruby>聞<rt>き</rt></ruby>く(듣다/묻다) : <ruby>拝聴<rt>はいちょう</rt></ruby>する/<ruby>伺<rt>うかが</rt></ruby>う

<ruby>食<rt>た</rt></ruby>べる(먹다) : いただく

<ruby>言<rt>い</rt></ruby>う(말하다) : <ruby>申<rt>もう</rt></ruby>す・<ruby>申<rt>もう</rt></ruby>し<ruby>上<rt>あ</rt></ruby>げる(말씀드리다)

<ruby>会<rt>あ</rt></ruby>う(만나다) : お<ruby>目<rt>め</rt></ruby>にかかる(만나 뵙다)

<ruby>知<rt>し</rt></ruby>る(알다) : <ruby>存<rt>ぞん</rt></ruby>じる(알다)・<ruby>存<rt>ぞん</rt></ruby>じておる(알고 있다)
<ruby>存<rt>ぞん</rt></ruby>じ<ruby>上<rt>あ</rt></ruby>げる(알다)・<ruby>存<rt>ぞん</rt></ruby>じ<ruby>上<rt>あ</rt></ruby>げておる(알고 있다)

する(하다) : いたす

あげる(주다) : <ruby>差<rt>さ</rt></ruby>し<ruby>上<rt>あ</rt></ruby>げる(드리다) / もらう(받다) : いただく

18

1 行く 01_d1.mp3

明日、お昼頃にそちらへ参ります。

내일 점심 즈음 그쪽에 가겠습니다.

担当の者が伺いますので、よろしくお願いします。

담당자가 찾아뵐 테니 잘 부탁드립니다.

担当の者が参りますので、よろしくお願いします。

담당자가 찾아뵐 테니 잘 부탁드립니다.

* 높이는 대상(청자)이 존재하는 곳으로 가는 경우가 아니라면 伺う를 사용할 수 없다.

年末には家族と一緒に旅行に参ります (○)
年末には家族と一緒に旅行に伺います (X)

연말에는 가족과 함께 여행에 갑니다.

2 来る

係りの者が参りますので、こちらで少々お待ちください。

담당자가 올 테니 여기서 잠시만 기다려주세요.

3 言う

主人がよろしく伝えてほしいと申しておりました。

남편이 안부 전해달라고 했어요.

皆様のご多幸を心よりお祈り申し上げます。

여러분의 행복을 진심으로 기원합니다.

4 会う

近いうちにお目にかかりたいのですが、ご都合はいかがでしょうか。

빠른 시일 내로 만나 뵙고 싶습니다만 일정은 어떠세요?

5 もらう

いつもいただいてばかりで申し訳ありません。

항상 받기만 해서 죄송합니다.

ご連絡いただければ幸いです。

연락 주시면 감사하겠습니다.

▌일반 동사를 겸양어로 만드는 방법

동사+あ단せて・させて(사역형)+いただく

行く(가다) → 行かせていただく

帰る(돌아가다) → 帰らせていただく

見る(보다) → 見させていただく

払う(지불하다) → 払わせていただく

やる(하다) → やらせていただく

挨拶する(인사하다) → 挨拶させていただく

変更する(변경하다) → 変更させていただく

1 帰る

今日は早く帰らせていただいてもよろしいでしょうか。

오늘은 일찍 귀가해도 될까요?

2 見る

リモート会議の様子を見させていただいて、とても勉強になりました。

원격회의를 하는 모습을 보게 되어 정말 공부가 되었습니다.

3 挨拶する

ご挨拶をさせていただきます。

인사드리겠습니다.

20

お・ご＋동사ます형/동작성 명사＋いたす

待つ(기다리다)→お待ちいたす

持つ(들다)→お持ちいたす

届ける(배달하다, 전달하다)→お届けいたす

連絡する(연락하다)→ご連絡いたす

案内する(안내하다)→ご案内いたす

失礼する(실례하다)→ お失礼/ご失礼いたす(×)

→ 失礼いたす (○)

🎧 01_f1.mp3

1 持つ

1階までお持ちいたします。

1층까지 들어드리겠습니다.

2 届ける

お買い上げいただいた商品はご自宅までお届けいたします。

구매해주신 상품은 댁까지 배달해드리겠습니다.

3 連絡する

後ほどご連絡いたします。

추후에 연락드리겠습니다.

비즈니스에서 사용되는 표현

단어	상대측	본인측
会社(회사) かいしゃ	御社(귀사) · 貴社(귀사) おんしゃ　きしゃ 会社名+様(회사명+님) かいしゃめい　さま そちら様(귀사/고객님) さま	弊社(폐사) · 当社(당사) へいしゃ　とうしゃ わたくしども(저희들)
銀行(은행) ぎんこう	貴行(귀행) きこう	弊行 · 当行(당행) へいこう　とうこう
担当者(담당자) たんとうしゃ	ご担当者様(담당자님) たんとうしゃさま ご担当の方(담당자분) たんとう　かた	担当の者(담당자) たんとう　もの
社長(사장) しゃちょう	キム社長 (김 사장님) しゃちょう	社長のキム(사장인 김 씨) しゃちょう
同行者(일행) どうこうしゃ	お連れ様(일행분) つ　さま	連れ · 連れの者(일행) つ　つ　もの
家族 (가족) かぞく	ご家族の皆様(가족분들) かぞく　みなさま ご一同様(가족분들) いちどうさま	家の者(가족) いえ　もの 家族一同(가족들) かぞくいちどう
住まい(주거) す	ご自宅(댁) じたく お住まい(사시는 곳) す	拙宅(저희 집) せったく 小宅(저희 집) しょうたく
贈り物(선물) · お礼(답례) おく　もの　れい	ご配慮(배려) · お心遣い はいりょ　こころづか (마음) · 結構な品(큰 선물) けっこう　しな	心ばかり(마음뿐) こころ 心付け(축의금, 팁) こころ づ

일반어	비즈니스
わかりました(알겠습니다)	かしこまりました
いいですか(괜찮아요?)	よろしいでしょうか
してください(해주세요)	していただけますか
どうですか(어때요?)	いかがでしょうか
どうしましたか(무슨 일이세요?)	いかがなさいましたか

わかりません(모르겠어요)	わかりかねます
知りません(몰라요)	存じません
できません(할 수 없어요)	いたしかねます
大丈夫です(괜찮아요)	結構です・問題ありません
～はやめてください(하지 마세요)	お控えください・おやめください(삼가주세요)
すみません(죄송합니다)	申し訳ございません・申し訳ありません
すみませんが(죄송합니다만)	恐れ入りますが・お手数ですが
さっき(아까)	先ほど
後で(나중에)	後ほど
ちょっと(조금)	少々
もうすぐ(곧, 이윽고)	まもなく
すぐに(바로)	さっそく
今(지금)	只今
前に(전에)	以前に
今度(이번에)	この度
一昨日(그저께)	一昨日
昨日(어제)	昨日
今日(오늘)	本日
明日(내일)	明日
明後日(모레)	明後日
こっち(여기)	こちら
そっち(거기)	そちら

あっち(저기)	あちら
とても(매우)	大変(たいへん)
すごく(정말)	非常に(ひじょう)
から(부터)	より

비즈니스에서 활용할 수 있는 리액션 20

🎧 01_g1.mp3

1. なるほど。 그렇군요.

2. たしかに・ですよね。 그렇죠.

3. まったくです・同感(どうかん)です。 맞아요.

4. おっしゃるとおりです・ごもっともです。 지당하신 말씀입니다.

5. そのようにいたします。 그렇게 하겠습니다.

6. さすがですね。 역시 대단하시네요.

7. それは大変(たいへん)でしたね。 힘드셨겠어요.

8. とおっしゃいますと？・それはどういうことなんでしょうか。 그게 무슨 뜻이죠?

9. ありがたいことですよね。 감사한 일이죠.

10. どちらかと言(い)うと・強(し)いて言(い)えば。 굳이 말하자면・굳이 따지자면.

11. 心(こころ)から嬉(うれ)しく思(おも)います。 진심으로 기쁘게 생각해요.

12. ほっとしました。 안도했어요.

13. それは意外(いがい)ですね。 그건 의외네요.

14. そんなはずがありません。 그럴리가 없어요.

15. 想定外(そうていがい)のことでした。 전혀 예상하지 못한 일이었어요.

16. 呆(あき)れますね。 어이가 없네요.

17. ご無事(ぶじ)で何(なに)よりです。 무사해서 다행이에요.

18. 不幸中(ふこうちゅう)の幸(さいわ)いでした。 불행 중 다행이었어요.

19. お気持ち、お察しします。 어떤 기분일지 알 것 같습니다.
20. お気に障りましたようで失礼いたしました。 거슬리게 한 것 같아 죄송합니다.

의견을 적극적으로 묻는 표현

🎧 01_g2.mp3

1. 具体的にはどんなことですか。

   구체적으로 어떤 거죠?
2. 強いて言うなら、A案とB案のどちらがいいと思いますか。

   굳이 따지자면 A안과 B안 중 어느 쪽이 좋은 것 같아요?
3. 三つの選択肢の中から選ぶとしたら、どれでしょうか。

   세 가지 선택지 중에서 고른다면 어느 것인가요?
4. 例えば、このような考え方はいかがでしょうか。

   예를 들어 이런 접근 방식은 어떨까요?
5. 手当だけでは不十分だというような意見も出ていましたが、いかが思われますか。

   수당만으로는 충분하지 않다는 의견도 나왔는데 어떻게 생각하세요?

찬성/동의하는 표현

🎧 01_g3.mp3

1. ご意見にご賛同いたします。

   의견에 찬성합니다.
2. 貴社のご意見を支持いたします。

   귀사 의견을 지지합니다.
3. 御社のご提案にご賛同申し上げます。

   귀사 제안에 찬성합니다.
4. 社長のご提案に全面的に賛成でございます。

   사장님 제안에 전면적으로 찬성합니다.

5. 小島様のご提案に同意します。ぜひ、私にも手伝わせてください。

고지마 님의 제안에 동의합니다. 꼭 돕고 싶습니다.

보류/반대/거절하는 표현

1. 残念ながら、今回はご希望に沿うことができません。

아쉽게도 이번에는 요청해주신 부분에 응할 수 없을 것 같습니다.
2. せっかくのご提案ですが、ご要望にはお応えしかねます。

모처럼 제안해주셨는데 응해드릴 수 없을 것 같습니다.
3. お言葉を返すようですが、石川様のご意見には賛成いたしかねます。

말대꾸를 하는 것 같아 조심스럽습니다만 이시키와 님 의견에는 찬성하기 어렵습니다.
4. ご見解にはご賛同しますが、契約は別のこととご理解いただければ幸いです。

견해에는 찬성합니다만 계약은 별개라고 이해해주시면 감사하겠습니다.
5. ご提案いただいた件ですが、現在社内で最終確認をしている最中でございます。

제안해주신 건입니다만 현재 사내에서 최종 확인을 하고 있는 중입니다.

사과/사죄하는 표현

1. ご迷惑をおかけしまして申し訳ございません。

민폐를 끼치게 되어 죄송합니다.
2. 今後十分注意いたします。

앞으로 충분히 주의하겠습니다.
3. 何かとお手数をおかけいたしました。

여러모로 수고를 끼치게 되었습니다.
4. ご親切に注意していただき、ありがとうございます。

친절하게 주의해 주셔서 감사드립니다.

5. 不_ふ行_ゆき届_{とど}きで申_{もう}し訳_{わけ}ございません。

부주의하여 죄송합니다.

클레임 대응

🎧 01_g6.mp3

1. この度_{たび}はご不_ふ快_{かい}な思_{おも}いをさせてしまい、大_{たい}変_{へん}申_{もう}し訳_{わけ}ございません。状_{じょう}況_{きょう}をお調_{しら}べして、担_{たん}当_{とう}の者_{もの}よりお電_{でん}話_わいたしますので、少_{しょう}々_{しょう}お待_まちくださいませ。

   이번에는 불쾌하게 만들어 대단히 죄송합니다. 상황을 알아보고 담당자가 전화를 드리도록 할 테니 잠시만 기다려주세요.

2. 私_{わたくし}木_き村_{むら}が承_{うけたまわ}りました。この度_{たび}はご迷_{めい}惑_{わく}をおかけして申_{もう}し訳_{わけ}ございませんでした。早_{さっ}速_{そく}お調_{しら}べいたしまして、こちらから改_{あらた}めて本_{ほん}日_{じつ}中_{ちゅう}にご連_{れん}絡_{らく}差_さし上_あげます。

   저 기무라가 담당했습니다. 이번에는 민폐를 끼치게 되어 대단히 죄송합니다. 바로 알아보고 저희가 다시 오늘 중으로 연락드리겠습니다.

3. 私_{わたくし}、担_{たん}当_{とう}のジョンと申_{もう}します。この度_{たび}はご迷_{めい}惑_{わく}をおかけして、大_{たい}変_{へん}申_{もう}し訳_{わけ}ございません。今_{こん}回_{かい}の件_{けん}は原_{げん}因_{いん}を確_{かく}認_{にん}いたしまして、本_{ほん}日_{じつ}午_ご後_ご4時_じ頃_{ごろ}までにご報_{ほう}告_{こく}いたします。

   저는 담당자 정이라고 합니다. 이번에는 민폐를 끼치게 되어 대단히 죄송합니다. 이번 일은 원인을 확인한 후 오늘 오후 4시까지 보고드리겠습니다.

4. この度_{たび}はご期_き待_{たい}に添_そえず、大_{たい}変_{へん}申_{もう}し訳_{わけ}ございませんでした。二_に度_どとこのようなことのないように十_{じゅう}分_{ぶん}注_{ちゅう}意_いいたしますので何_{なに}卒_{とぞ}ご容_{よう}赦_{しゃ}くださいますようお願_{ねが}い申_{もう}し上_あげます。今_{こん}後_ごとも、弊_{へい}社_{しゃ}をどうぞよろしくお願_{ねが}いいたします。

   이번에는 기대에 부응하지 못해 대단히 죄송합니다. 두 번 다시 이런 일이 일어나지 않도록 충분히 주의하겠사오니 부디 이해해주십사 부탁드립니다. 앞으로도 저희 회사를 잘 좀 부탁드립니다.

착석할 때의 매너

1. 네모난 테이블인 경우

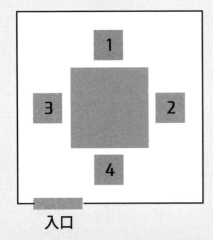

2. 원탁 테이블인 경우

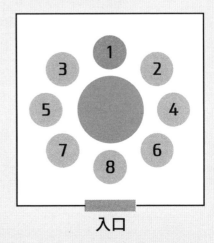

입구에서 가장 먼 자리가 상석(上座)이고 입구에서 가장 가까운 자리가 말석(下座)이다. 지위가 높은 사람부터 번호가 매겨진 순서대로 앉는다.

3. 타타미 방인 경우(和室)

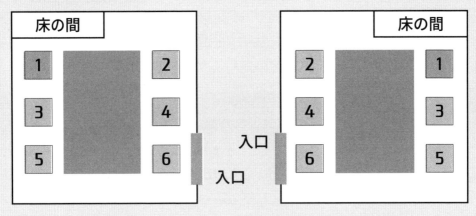

이 방에서는 족자(掛け軸)가 걸려있거나 꽃이 장식되어 있는 도코노마(床の間) 앞이 상석(上座)이 된다. 그리고 여기서도 역시나 입구 근처가 말석(下座)이다.

28

보통 도코노마는 왼쪽 안쪽에 있지만 오른쪽에 있는 경우라면 그림과 같이 그 앞이 상석이라고 생각하면 된다. 또한 일반적으로는 1, 3, 5에 해당하는 쪽이 손님이 앉는 자리이고 2, 4, 6이 접대를 하는 쪽이 앉게 된다. 아래와 같은 경우에는 1, 2, 3이 손님이 앉는 자리가 된다.

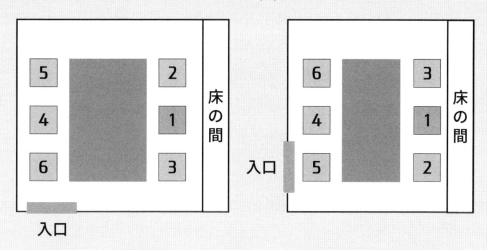

식사할 때의 상식과 매너

1. 밥을 먹을 때는 접시를 들고 먹는다. 음식이 들어있는 접시 쪽으로 머리를 숙이고 먹는 것을 「犬食い」라고 하여 예의에 어긋나는 것으로 간주하기 때문이다.

2. 밥그릇을 들고 먹을 때는 손바닥으로 받쳐서 엄지손가락으로 고정시켜 먹는 것이 좋다.

3. 여러가지 음식이 놓여져 있을 때 어떤 음식을 먹을지 고민하며 음식 위에서 젓가락을 이리저리 움직이면 안 된다. 이것을 「迷い箸」라고 칭하며 눈살을 찌푸리게 만드는 행위로 본다.

4. 다 같이 하나의 찌개 혹은 요리를 공유하게 되더라도 반드시 덜어서 먹을 수 있는 접시(取り皿)와 젓가락(取り箸)을 사용한다.

5. 소바, 우동을 먹을 때 너무 심한 정도가 아니라면 가볍게 소리 내어(すする) 먹어도 좋다.

6. 상하관계가 뚜렷한 술자리라고 해도 술을 마실 때 고개를 돌려 마시지 않는다. 또한 비즈니스 관계로 만난 사이라면 되도록 서로의 잔을 채워주는 것이 좋지만 최근에는 자작(手酌)을 하는 경우도 많다. 상대방의 빈 잔을 보고 말없이 따르기보다는 「お酌いたします」, 「お注ぎいたします」라고 한마디 덧붙이는 것이 좋다. 만약 상대가 「手酌でいいです」라고 하면 분위기를 잘 보고 그때부터는 자작을 해도 괜찮다.

7. 우리나라에서 '사케'라고 불리는 일본 청주(日本酒)는 차가운 것에서 뜨거운 것까지 온도의 범위가 넓은 것이 특징적이며 온도에 따라 명칭이 다르다. 冷酒 : 5~15도 / 常温(ひや) : 20~25도 / 燗酒 : 30~55도(熱燗이 해당)

8. 술을 마시는 방법도 다양한 편이다.

   ストレート : 아무것도 섞지 않고 마심   ロック : 얼음을 섞어 마심

   水割り : 물을 섞어 마심   お湯割り : 따뜻한 물을 섞어 마심

   ソーダ割り : 탄산 음료(토닉워터 등)을 섞어 마심

9. 일본 청주(日本酒)는 한 병을 다 시키지 않고 적당량 주문이 가능하다. 가장 적은 단위는 잔(グラス)이고 그 다음은 一合(180ml), 二合(360ml)가 있다. 주문할 때는 「この日本酒一合ください」(이 니혼슈 이치고 주세요.), 「二合お願いします」(니고 부탁드립니다.)와 같이 말하면 된다.

10. 일본 청주(日本酒)를 잔(グラス)으로 시키게 되면 升(마스)라는 나무로 된 잔에 유리 술잔을 넣고 가득 혹은 넘치게 담아 준다. 물론 가게마다 조금씩 다르며 이렇게 마시는 것을 못키리(もっきり)라고 부른다.

2

만나서 인사 나누기

처음 만났을 때의 인사

· 본인 소개 1, 2

· 타인 소개 1, 2

지인과의 인사

· 안부, 근황

거래처에 갔을 때

· 방문 1, 2

손님(방문객)을 맞을 때

· 응대 1, 2

원어민 MP3

처음 만났을 때의 인사 - 본인 소개 1

🎧 02_01_d.mp3

본문

パク・ヒョンテク	はじめまして。私、K社の営業部パク・ヒョンテク❶と申します。❷よろしくお願いいたします。(명함을 건네며)
木村希 きむらのぞみ	ありがとうございます。❸頂戴いたします。(명함을 받으며) K社のパク・ヒョンテク様❹でいらっしゃいますね。 私、株式会社Mの人事課木村希と申します。(명함을 건네며)
パク・ヒョンテク	名刺のデザインがおしゃれですね。(받은 명함을 보며)
木村希 きむらのぞみ	ありがとうございます。素材にはかなりこだわったそうです。

박현택	처음 뵙겠습니다. 저는 K사의 영업부 박현택이라고 합니다. 잘 부탁드립니다. (명함을 건네며)
기무라 노조미	감사합니다. 잘 받겠습니다. K사의 박현택 님이시죠. (명함을 받으며) 저는 주식회사 M의 인사과 기무라 노조미라고 합니다. (명함을 건네며)
박현택	명함 디자인이 멋지네요. (받은 명함을 보며)
기무라 노조미	감사합니다. 소재에는 꽤나 신경을 썼다더군요.

단어

いたす : する(하다)의 겸양어   こだわる : 구애되다, 특별히 신경 쓰다

1 〜と申^{もう}します。
~라고 합니다.

비즈니스 상황에서 자기소개를 할 때 이름 뒤에 です보다는 と申^{もう}します를 붙이는
것이 일반적이고 정중하다. 부탁할 때도 자주 쓰이는 말이다.

* はじめまして。チェと申^{もう}します。
  처음 뵙겠습니다. 최라고 합니다.

* 申^{もう}し遅^{おく}れました。池田^{いけだ}と申^{もう}します。
  인사가 늦었습니다. 이케다라고 합니다.

2 よろしくお願^{ねが}いいたします。
잘 부탁드립니다.

비즈니스로 만난 관계에서는 よろしくお願^{ねが}いいたします 라고 표현하는 것이 가장
정중하고 일반적이지만 よろしくお願^{ねが}いします 라고 해도 무례하지는 않다.

* 本日^{ほんじつ}はありがとうございました。今後^{こんご}ともどうぞよろしくお
  願^{ねが}いいたします。
  오늘은 감사했습니다. 앞으로도 부디 잘 부탁드립니다.

* お忙^{いそが}しいところ恐^{おそ}れ入^いりますが、よろしくお願^{ねが}いいたします。
  바쁘신 중에 죄송합니다만 잘 부탁드리겠습니다.

3 頂戴<small>ちょうだい</small>いたします。
잘 받겠습니다.

명함을 받을 때 말없이 받기보다는 이 표현을 쓰는 것이 공손하게 보인다. 頂戴<small>ちょうだい</small>いたします 대신 頂戴<small>ちょうだい</small>します 라는 말을 써도 된다.

- お気持<small>きも</small>ちだけ、ありがたく頂戴<small>ちょうだい</small>いたします。

  마음만 감사히 받겠습니다.

- 過分<small>かぶん</small>なお祝<small>いわ</small>いを頂戴<small>ちょうだい</small>いたしまして、心<small>こころ</small>よりお礼<small>れいもう</small>申し上<small>あ</small>げます。

  과분한 축하를 받게 되어 진심으로 감사드립니다.

4 ～でいらっしゃいますね。
～이시죠?

이름을 잘못 듣는 경우도 있기 때문에 명함을 건네받을 때 확실하게 물어본다. 또한 상대방의 이름에 보기 드문 한자가 나오거나 명함에 쓰여진 이름을 읽지 못한다면 どのようにお読<small>よ</small>みしたらよろしいのでしょうか。[어떻게 읽으면 될까요?]라고 물어보는 편이 좋다.

- ご本人<small>ほんにん</small>でいらっしゃいますか。

  본인이신가요?

- 山田<small>やまだ</small>さんでいらっしゃいますね。お席<small>せき</small>にご案内<small>あんない</small>いたします。

  야마다 씨죠. 자리로 안내해 드리겠습니다.

🎧 02_01_p.mp3

1

HSのマーケティング部小林と申します。

HS의 마케팅부 고바야시라고 합니다.

本日より人事部に配属されましたジョンミンと申します。

오늘부터 인사부로 배속된 정민이라고 합니다.

2

今後ともよろしくお願いいたします。

앞으로 잘 부탁드립니다.

ご検討のほど、よろしくお願いいたします。

검토해주시기를 잘 부탁드립니다.

3

お名刺を頂戴いたします。

명함을 잘 받겠습니다.

お客様の声をありがたく頂戴いたします。

고객님의 의견을 감사히 잘 받겠습니다.

4

キム様でいらっしゃいますね。

김 님이시죠?

私、武井と申しますが、木村部長でいらっしゃいますか。

저는 다케이라고 합니다만, 기무라 부장님이신가요?

처음 만났을 때의 인사 – 본인 소개 2

🎧 02_02_d.mp3

본문

● ● ●

キムジュン ❶はじめてお目にかかります。B物産のキムジュンと申します。

鈴木明里 はじめまして。❷御社を担当することになりました総務部の
鈴木でございます。どうぞよろしくお願いいたします。

キムジュン ❸行き届かない点も多々あるかと存じますが、今後ともどうぞよ
ろしくお願いいたします。鈴木さん、ソウルは初めてですか。

鈴木明里 ５年くらい前、旅行で来❹たことがあります。

김 준　　　　처음 뵙겠습니다. B 물산의 김준이라고 합니다.

스즈키 아카리　처음 뵙겠습니다. 귀사를 담당하게 된 총무부의 스즈키라고 합니다.
잘 부탁드립니다.

김 준　　　　부족한 점도 많이 있겠지만 앞으로도 잘 부탁드립니다.
스즈키 씨 서울은 처음이신가요?

스즈키 아카리　5년 정도 전에 여행으로 온 적이 있습니다.

단어

お目にかかる : 만나뵙다(会う의 겸양어)

行き届く : (마음씨나 주의가) 두루 미치다,
자상하게 마음 쓰다, 모든 면에 빈틈이 없다

37

はじめてお目^めにかかります。
처음 뵙겠습니다.

처음 만난 사람에게 건네는 인사말로 はじめまして[처음 뵙겠습니다]와 함께 많이
사용되는 것이 바로 이 표현이다. '처음'이라는 뜻의 はじめて와 '만나다' 会^あう의 겸
양어인 '만나 뵙다' お目^めにかかる가 합쳐진 형태로, はじめまして보다 다소 정중
한 느낌을 주기 때문에 비즈니스를 할 때는 알아두면 용이하게 쓸 수 있다.

- **お初^{はつ}にお目^めにかかります。**

  처음 만나 뵙겠습니다.

- **近^{ちか}いうちにお目^めにかかりたいのですが、いつがよろしいで
  すか。**

  가까운 시일 내에 만나 뵙고 싶습니다만 언제가 괜찮으신가요?

 御社^{おんしゃ}を担当^{たんとう}することになりました。
귀사를 담당하게 되었습니다.

상대방 회사를 높여 부르는 표현에는 貴社^{きしゃ}와 御社^{おんしゃ} 두 가지가 있는데, 구어체로는 보
통 御社^{おんしゃ}를 쓴다. 또한 본인이 담당하게 되었다며 소개할 때는 「担当^{たんとう}いたします○
○」라고 표현할 수 있다.

- **私^{わたし}の後任^{こうにん}として、課長^{かちょう}のジョンが御社^{おんしゃ}を担当^{たんとう}することにな
  りました。**

  제 후임으로 정 과장이 귀사를 담당하게 되었습니다.

- **本日^{ほんじつ}から担当^{たんとう}いたします中村^{なかむら}です。**

  오늘부터 담당하게 된 나카무라입니다.

行き届かない点も多々あるかと存じますが
부족한 점도 많이 있겠지만

行き届く는 본래 '마음이나 신경이 구석구석까지 미치다'라는 뜻으로, 본인의 경험이나 배려가 부족하여 충분히 신경을 쓰지 못했을 때 쓸 수 있는 겸손한 표현이다. 行き届かない를 대신하는 말로는 至らない[부족하다], 未熟者[미숙한 사람] 등이 있다. 또한 存じる는 '생각하다' 思う의 겸양어로 본인의 생각을 조심스럽게 표현할 때 사용한다.

· 至らない点も多々あるかと存じますが、ご協力のほどお願いいた

します。
부족한 점도 많이 있겠지만 협력해주시기를 부탁드립니다.

· まだまだ未熟者ではございますが、どうぞよろしくお願いします。
한참 부족합니다만 잘 부탁드리겠습니다.

 旅行で来たことがあります。
여행으로 온 적이 있습니다.

경험의 유무를 나타내는 たことがある는 처음 인사를 나누는 자리에서 대화의 물꼬를 트기위해 필요한 표현이다. 경험이 있다면 たことがあります라고 하고 경험이 없다면 たことがありません이라고 말하면 된다.

· サムゲタンは召し上がったことがありますか。
삼계탕은 드셔 보신 적이 있나요?

· テレビでしか拝見したことがありません。
TV에서밖에 본 적이 없습니다.

1

お目にかかれることを楽しみにしております。

만나 뵙기를 기대하고 있겠습니다.

喜んでお目にかかります。

기쁜 마음으로 뵙겠습니다.

2

この度、こちらの地域を担当することになりました細木です。

이번에 이쪽 지역을 담당하게 된 호소키입니다.

今年より記事の連載を担当することになりましたジョンと申します。

올해부터 기사 연재를 담당하게 된 정이라고 합니다.

3

ご不便や不手際もあるかと存じますが。

불편하시거나 일 처리가 더딘 부분도 있겠지만.

ご迷惑をおかけすることもあるかと存じますが。

민폐를 끼치게 될 일도 있겠지만.

4

富士山に登ったことがあります。

후지산에 올라간 적이 있습니다.

上司の家で宅飲みをしたことがあります。

상사 집에서 술자리를 가진 적이 있습니다.

03

처음 만났을 때의 인사 – 타인 소개 1

🎧 02_03_d.mp3

본문

キム・ジュリ	吉本さん、❶こちらが次長のチェです。
チェ・ヒョク	❷申し遅れましたが、営業部次長のチェヒョクと申します。 よろしくお願いします。
吉本いちご	❸恐れ入ります。N物産の吉本いちごと申します。 本日は遠路はるばるお越しいただき、誠にありがとうございます。
チェ・ヒョク	こちらこそ、お忙しい中、ありがとうございます。❹お目にかかれて嬉しいです。

김주리	요시모토 씨, 이쪽이 최 차장님입니다.
최 혁	인사가 늦었습니다만 영업부 차장인 최혁이라고 합니다. 잘 부탁드립니다.
요시모토 이치고	송구스럽습니다. N물산의 요시모토 이치고라고 합니다. 오늘은 먼 길 찾아 와주셔서 정말 감사합니다.
최 혁	저야말로 바쁘신 중에 감사할 따름입니다. 만나 뵙게 되어 반갑습니다.

단어

遠路はるばる : 멀리 일부러(멀리서 오는 모양)

1 こちらが次長^{じちょう}のチェです。
이쪽이 최 차장님입니다.

こちら는 방향을 가리킬 때도 사용할 수 있지만 내 쪽 사람을 소개할 때 쓰이는 인칭 대명사이기도 하다. 상대방 쪽 사람 혹은 그 단체는 そちら가 되는데, 조금 경의를 표하는 경우라면 '님'에 해당하는 様^{さま}를 붙여 そちら様^{さま}라고 칭한다. 또한 다른 사람에게 본인 회사 사람을 소개할 때는 次長^{じちょう}のチェ[차장인 최]라고 표현하는 것이 올바르다.

• こちらは友人^{ゆうじん}のキャメロンです。

　이쪽은 친구인 케머론이에요.

• 部長^{ぶちょう}の高橋^{たかはし}は外出中^{がいしゅつちゅう}でして。

　타카하시 부장님은 외출중이라서요.

2 申^{もう}し遅^{おく}れましたが。
인사가 늦었습니다만.

申す^{もう}[말씀드리다]와 遅れる^{おく}[늦다]가 합쳐진 형태로, 본인을 소개할 타이밍을 놓쳐 조금 늦게 인사를 하게 될 때 사용한다. 또한 감사나 사과 인사 등을 제때 하지 못해 조금 시간이 지난 후에 할 때도 사용할 수 있다.

• 申^{もう}し遅^{おく}れましたが、お誕生日^{たんじょうび}おめでとうございます。

　늦었지만 생일 축하드립니다.

• お返事^{へんじ}申^{もう}し遅^{おく}れました。

　답변이 늦었습니다.

3 恐れ入ります。
송구스럽습니다, 황송합니다.

손윗사람 혹은 손님에게 갖는 고마움이나 미안한 감정을 나타낼 때 쓰는 인사말로, 정중하고 부드러운 인상을 주는 표현이다. 비슷한 말로는「恐縮です」가 있다.

• わざわざご連絡いただき、恐れ入ります。
일부러 연락해 주셔서 감사드립니다.

• 恐れ入りますが、お名前を伺ってもよろしいでしょうか。
실례합니다만 성함을 여쭤봐도 괜찮을까요?

4 お目にかかれて嬉しいです。
만나 뵙게 되어 반갑습니다.

'~해서 기쁘다'라는 의미를 갖는「~て嬉しい」가 여기서는 '반갑다', '고맙다'와 같은 의미로 쓰이는 것을 알 수 있다. 또한 '만나 뵙게 되어'라고 말할 때는 가능형을 사용하여「お目にかかれて・お会いできて」와 같이 표현한다.

• お目にかかれて光栄です。
만나 뵙게 되어 영광입니다.

• お会いできて嬉しいです。
만나 뵙게 되어 반갑습니다.

패턴 연습

🔊 02_03_p.mp3

1

こちらが弊社課長（へいしゃかちょう）の丸山（まるやま）です。

이쪽이 저희 회사 마루야마 과장님입니다.

こちらが部長（ぶちょう）の妻（つま）のユリさんです。

이쪽이 부장님의 사모님인 유리 씨입니다.

2

申（もう）し遅（おく）れましたが、本日司会（ほんじつしかい）を務（つと）めさせていただきます、キムと申（もう）します。

인사가 늦었습니다만 오늘 사회를 맡게 된 김이라고 합니다.

申（もう）し遅（おく）れましたが、ご結婚（けっこん）おめでとうございます。

인사가 늦었습니다만 결혼 축하드립니다.

3

わざわざお越（こ）しいただきまして、恐（おそ）れ入（い）ります。

일부러 찾아와 주셔서 감사드립니다.

素晴（すば）らしい腕前（うでまえ）ですね。 - 大変恐（たいへんおそ）れ入（い）ります。

실력이 대단하십니다. - 대단히 황송합니다.

4

先日（せんじつ）はお目（め）にかかれて嬉（うれ）しかったです。

며칠 전 만나 뵙게 되어 반가웠습니다.

またお会（あ）いできてよかったです。

또 만나 뵙게 되어 다행입니다.

44

처음 만났을 때의 인사 – 타인 소개 2

🎵 02_04_d.mp3

본문

ジョン・テフン	キムさんの後任^{こうにん}としてこれからプロジェクトに参加^{さんか}する課長^{かちょう}のハンです。
ハン・シオン	あ、申^{もう}し訳^{わけ}ございません。❶あいにく名刺^{めいし}を切^きらしてしまいました。人事部^{じんじぶ}のハンシオンと申^{もう}します。❷社^{しゃ}に戻^{もど}り次第^{しだい}、送^{おく}らせていただきます。
松本純一^{まつもとじゅんいち}	次回^{じかい}お会^あいした時^{とき}で❸構^{かま}いませんので。それにしても❹お噂^{うわさ}はかねがね伺^{うかが}っておりましたが、こんなに素敵^{すてき}な方^{かた}だったとは。

정태훈	김 씨의 후임으로 앞으로 프로젝트에 참가할 한 과장입니다.
한시온	아, 죄송합니다. 공교롭게도 명함이 다 떨어졌습니다. 인사부의 한시온이라고 합니다. 회사에 돌아가는 대로 바로 보내드리겠습니다.
마츠모토 준이치	다음에 만났을 때 주셔도 괜찮습니다. 그나저나 소문은 익히 듣긴 했습니다만 이렇게 근사한 분일 줄이야.

단어

切^きらす : 준비해둔 물건이나 돈을 모두 써서 없어진 상태로 두다

~次第^{しだい} : ~하는 대로, ~하자마자

構^{かま}わない : 상관없다, 문제되지 않는다

45

1 あいにく名刺を切らしてしまいました。
공교롭게도 명함이 다 떨어졌습니다.

あいにく는 예상하거나 기대한 대로 일이 진행되지 않아 아쉬운 마음을 나타낼 때 사용하는 말로, 비슷한 표현에는 残念ながら가 있다. 명함은 되도록 사전에 준비하되 어쩔 수 없이 건네지 못하는 경우가 생긴다면 名刺を切らす[명함이 떨어지다]라는 말을 덧붙이는 것이 좋다.

・あいにくその日は先約がございまして。
공교롭게도 그날은 선약이 있어서요.

・申し訳ございません。ただ今、名刺を切らしておりまして。
죄송합니다. 지금 명함이 다 떨어져서요.

2 社に戻り次第、送らせていただきます。
회사에 돌아가는 대로 바로 보내드리겠습니다.

ます형/동작성 명사+次第는 '~하는 대로 바로'라는 뜻으로, 비즈니스를 할 때 종종 등장하는 표현이다.

・資料ができ次第お送りいたします。
자료가 만들어지는 대로 보내드리겠습니다.

・お言葉に甘えて、参加させていただきます。
염치불구하고 참가하겠습니다.

3 構^{かま}いません。
괜찮습니다.

構^{かま}いませんは 構^{かま}う[상관하다, 지장을 주다]의 부정형 構^{かま}わない의 높임체로, '상관이 없습니다', '문제가 없습니다', '지장이 없습니다' 등과 같은 의미를 갖는다. 상대방이 하는 행위를 허가 또는 허용하는 경우에 사용되며 잘못 사용하면 조금 무례한 느낌을 줄 수 있기 때문에 상황을 고려해야 한다.

- 資料^{しりょう}の用意^{ようい}は当日^{とうじつ}でも構^{かま}いません。
  자료 준비는 당일이라도 상관없어요.

- 私^{わたくし}はどちらでも構^{かま}いませんのでお任^{まか}せします。
  저는 어느 쪽이든 괜찮으니 맡기겠습니다.

4 お噂^{うわさ}はかねがね伺^{うかが}っておりましたが、
소문은 익히 듣긴 했습니다만,

かねがね는 전부터 지금까지 이어져 오는 것을 나타내는 부사로, 보통 이야기나 소문과 같은 말과 함께 쓰인다. 伺^{うかが}う는 '듣다', '묻다', '방문하다'의 겸양어로 쓰임이 다양한데, 여기서는 '듣다'의 겸양어로 쓰였다.

- お話^{はなし}はかねがね 承^{うけたまわ}っております。
  얘기는 전부터 많이 들었습니다.

- 一^{ひと}つだけ伺^{うかが}ってもよろしいでしょうか。
  하나만 여쭤봐도 될까요?

🎧 02_04_p.mp3

1 あいにくその日は予定が入っており、出席できそうにありません。

공교롭게도 그날은 일정이 있어서 출석하지 못할 것 같습니다.

あいにく品切れとなり、申し訳ございません。

공교롭게도 품절되어 죄송합니다.

2 本日中にご連絡させていただきます。

오늘 안에 연락 드리겠습니다.

乾杯の音頭をとらせていただきます。

건배제의를 하겠습니다.

3 いつでも構いませんので、ご都合の良い日にお越しください。

언제든 괜찮으니 시간 되실 때 오세요.

お友達とご一緒でも構いません。

친구분과 함께 오셔도 괜찮습니다.

4 ファッションセンスはかねてから伺っておりました。

패션 센스는 예전부터 익히 들었습니다.

久しぶりの再会と伺っておりましたので、楽しい時間をお過ごしいただければと。

오랜만에 만나신다고 하셔서 즐거운 시간을 보내셨으면 해요.

05

지인과의 인사 – 안부

본문

● ● ●

イム・ジヌ　柳課長、お久しぶりです。❶お変わりございませんか。

柳薫　❷お陰様で元気に過ごしております。イムさんもお元気ですか。

イム・ジヌ　はい。❸こちらも相変わらずでございます。ところで、近いとはいえ、お疲れでしょう。お食事の予約を取っておりますので、お店までご案内いたします。

柳薫　それはそれは。❹本場の韓国料理を楽しみにしておりました。

임진우　　　　　야나기 과장님 오랜만입니다. 별일 없으신가요?

야나기 타케루　덕분에 잘 지내고 있습니다. 임진우 님도 잘 지내시죠?

임진우　　　　　네. 저도 여전히 잘 지내고 있어요. 그나저나, 가깝다고는 하지만 피곤하시죠. 식사 예약을 해뒀으니 가게까지 안내해 드리겠습니다.

야나기 타케루　감사드려요. 본고장의 한국요리를 기대하고 있었어요.

단어

とはいえ : …라고 하지만 (＝とはいうものの)

1 お変わりございませんか。
별일 없으신가요?

「お変わりございませんか」는 오랜만에 만난 사람에게 하는 인사말로, 変わり[변화]라는 말에 「ありませんか[없습니까]」가 합쳐진 형태다. 여기서 「ありませんか」를 「ございませんか」로 바꾸면 조금 더 정중한 느낌을 주기 때문에 비즈니스 상황에서 자주 쓰인다.

- あれからお変わりありませんか。
  그 후로 별일 없으신가요?

- お変わりなくお過ごしでいらっしゃいますか。
  별일 없이 잘 지내고 계시나요?

2 お陰様で元気に過ごしております。
덕분에 잘 지내고 있습니다.

お陰様는 감사한 마음을 담아 인사를 할 때는 물론이고 안부를 주고받을 때도 자주 쓰이는 말이다. 잘 지내냐는 물음에 「お陰様で[덕분에요]」라고 짧게 답할 수도 있다. 잘 지내고 있다고 답할 때는 「元気に過ごしております」 외에도 「元気にしております」와 같이 말하기도 한다.

- お陰様で創立１０周年を迎えました。
  (덕분에) 창립 10주년을 맞이했습니다.

- 相変わらず元気に過ごしております。
  변함없이 잘 지내고 있어요.

50

3 こちらも相変わらずでございます。
저도 여전히 잘 지내고 있어요.

相変わらずは 전과 변함없는 상태를 나타내는 표현으로 이 역시 안부를 주고받을 때 빠짐없이 등장하는 말이다. 여전히 잘 지내고 있다는 말을 할 때 앞에서 배운「元気に過ごしております」대신「〜でございます」라고 간결하게 표현하기도 한다.

- 相変わらずお元気そうで何よりです。
  변함없이 잘 지내고 계신 듯하여 다행이에요.

- 私 も相変わらず楽しく生きています。
  저도 변함없이 즐겁게 살고 있어요.

4 本場の韓国料理を楽しみにしておりました。
본고장의 한국요리를 기대하고 있었어요.

楽しい는 '즐겁다'라는 형용사이고 楽しむ는 '즐기다'라는 동사이며 여기서 파생된 楽しみ는 '즐거움'이라는 명사이지만 楽しみにする는 '기대하다'라는 의미로 쓰인다는 것을 꼭 기억해 두어야 한다. 또한 손윗사람에게 '기대하고 있겠습니다'라고 말하고 싶을 때는 겸양어를 사용하여 楽しみにしております라고 한다.

- お会いできる日を楽しみにしております。
  만나 뵐 날을 기대하고 있겠습니다.

- 池田先生ご夫妻がいらっしゃるのをずっと楽しみにしておりました。
  이케다 선생님 내외분이 오시는 것을 계속 기대하고 있었습니다.

패턴
연습

1 ┃ お仕事、お変わりございませんか。

일은 여전하시죠?

┃ ご家族の皆様はお変わりございませんか。

가족분들은 별고 없으신가요?

2 ┃ お陰様でなんとかうまくいっております。

덕분에 어떻게든 잘 되고 있습니다.

┃ この暑さの中、元気に過ごしております。

이 더위 속에서 잘 지내고 있습니다.

3 ┃ 相変わらず賑やかで楽しそうですね。

변함없이 활기차고 즐거워 보이네요.

┃ 会議は相変わらずリモートで行っております。

회의는 여전히 원격으로 진행하고 있습니다.

4 ┃ 皆様のご来店を楽しみにしております。

여러분이 내점하시는 것을 기대하고 있겠습니다.

┃ 数ヶ月前からこの日を楽しみにしておりました。

몇 달 전부터 이날을 기대하고 있었습니다.

06

지인과의 인사 - 근황

🎧 02_06_d.mp3

본문

チョ・ハギョン	❶すっかりご無沙汰してしまいました。その後いかがお過ごしでしたか。
徳井光彦	こちらこそご無沙汰しております。❷私は最近ゴルフを習い始めて仕事帰りにレッスンを受けてます。チョさんもお変わりありませんか。
チョ・ハギョン	お陰様で元気にやっております。ゴルフ楽しそうですね。あ、あとこれ地元の名物なんですが、❸よろしければお召し上がりください。
徳井光彦	❹いつもお心遣いありがとうございます。

조하경	오랫동안 격조했습니다. 그동안 어떻게 지내셨어요?
토쿠이 미츠히코	저야말로 오랫동안 연락을 못 했네요. 저는 최근에 골프를 배우기 시작해서 퇴근길에 레슨을 받고 있습니다. 조 씨도 별일 없으신가요?
조하경	덕분에 건강하게 지내고 있어요. 골프 재미있겠는데요. 아, 그리고 이거 저희 동네 명물인데 괜찮으시면 드셔보세요.
토쿠이 미츠히코	항상 배려해주셔서 감사드려요.

단어 ————

いかが : 어떻게

본문 해설

 すっかりご無沙汰してしまいました。
오랫동안 격조했습니다.

無沙汰는 오랫동안 방문하거나 연락하지 않은 것을 뜻하는 말로, 보통 「ご無沙汰しております[오랫동안 연락 못 드렸습니다]」라는 형태로 쓰인다. 일상에서 쓰이는 「お久しぶりです[오랜만입니다]」와는 다르게 경의를 표하는 의미가 있기 때문에 비즈니스를 할 때는 빼놓지 않고 등장하는 말이다.

- **大変ご無沙汰してしまい、申し訳ございません。**
  너무 오랫동안 연락을 못 드려서 죄송합니다.

- **ご無沙汰しておりますが、お変わりありませんか。**
  오래 연락을 못 드렸는데, 별일 없으신가요?

 最近ゴルフを習い始めて仕事帰りにレッスンを受けてます。
최근에 골프를 배우기 시작해서 퇴근길에 레슨을 받고 있습니다.

안부를 주고받으며 본인의 사적인 이야기를 조금 하는 것도 대화를 부드럽게 이어나가는 하나의 포인트이다. 취미생활에 대한 이야기를 나눌 때 「習い始める[배우기 시작하다]」 「仕事帰り[퇴근길]」 등의 표현을 넣어 응용해보자.

- **先月から韓国料理を習い始めました。**
  지난달부터 한국요리를 배우기 시작했어요.

- **仕事帰りにボルダリングをしてます。**
  퇴근길에 볼더링을 하고 있어요.

よろしければお召し上がりください。
괜찮으시면 드셔보세요.

よろしければは「よかったら[괜찮으면]」이라는 뜻으로 무언갈 부탁하거나 권할 때 쓰이는 쿠션어의 일종이다. 상대의 의사를 존중하는 뉘앙스를 갖기 때문에 부드러운 인상을 주게 된다. 또한 먹을 것을 권하며 드시라고 할 때는 食べる의 존경어인 召し上がる를 써서「召し上がってください[드세요]」또는「お召し上がりください[드세요]」라고 표현한다.

- よろしければこちらでお待ちください。
  괜찮으시다면 여기서 기다려주세요.

- 冷めないうちにお召し上がりください。
  식기 전에 드세요.

 いつもお心遣いありがとうございます。
항상 배려해 주셔서 감사드려요.

お心遣いは 상대방이 보여주는 배려와 세심함을 나타내는 말로, 본인의 사정을 이해해줘서 감사한 마음을 표현할 때 또는 선물이나 축의금 등을 받았을 때도 사용한다.

- このようなお心遣いをいただき恐縮です。
  이런 선물을 받게 되어서 송구스럽습니다.

- いつもたくさんのお心遣いをいただいて、感謝しております。
  항상 많이 배려해 주셔서 감사드리고 있습니다.

🎧 02_06_p.mp3

1 | 大変ご無沙汰しております。

너무 오랫동안 연락을 못 드렸어요.

| しばらくご無沙汰してしまい、申し訳ありませんでした。

그간 격조해서 죄송합니다.

2 | 日本語を習い始めて1年ぐらい経ちました。

일본어를 배우기 시작해서 1년 정도 지났어요.

| 仕事帰りにジムに通い始めました。

퇴근길에 헬스장에 다니기 시작했어요.

3 | もしよろしければご連絡ください。

혹시 괜찮으시다면 연락 주세요.

| お早めにお召し上がりください。

상하기 전에 드세요.

4 | 暖かいお心遣いありがとうございます。

따뜻한 배려 감사드립니다.

| 入院中はお心遣いいただき、ありがとうございました。

입원 중에 배려해 주셔서 감사드립니다.

07

거래처에 갔을 때 - 방문 1

🎧 02_07_d.mp3

본문

受付 うけつけ	いらっしゃいませ。

#1

アン・サンウ	❶お忙しいところ恐れ入ります。韓国STのアンと申します。
受付 うけつけ	韓国STのアン様でございますね。いつもお世話になっております。
アン・サンウ	❷営業部の佐々木課長と本日3時のお約束をいただいておりますが。
受付 うけつけ	❸お待ち申し上げておりました。応接室にご案内いたします。

#2

アン・サンウ	失礼いたします。韓国STのアンと申します。 営業部の佐々木課長にお目にかかりたいのですが。
受付 うけつけ	かしこまりました。❹ただ今連絡いたしますので、こちらにお掛けになってお待ちください。

접수처	어서 오세요.

#1

안상우	바쁘신 중에 실례합니다. 한국ST의 안상우라고 합니다.
접수처	한국ST의 안상우 님이시군요. 늘 신세를 지고 있습니다.
안상우	영업부 사사키 과장님과 오늘 3시에 약속했습니다만.
접수처	기다리고 있었습니다. 응접실로 안내해 드리겠습니다.

#2

안상우	실례합니다. 한국ST의 안상우라고 합니다. 영업부 사사키 과장님을 만나뵙고 싶습니다만.
접수처	알겠습니다. 지금 연락드릴 테니 여기 앉아서 기다려주세요.

57

1 お忙しいところ恐れ入ります。
바쁘신 중에 실례합니다.

상대에게 질문을 하거나 부탁을 할 때 일종의 쿠션어로 사용하게 되는 お忙しいとこ
ろ는 시간을 할애해준 것에 대한 고마움과 미안함을 나타낸다. 비슷한 표현으로는 お
忙しい中, ご多忙中 등이 있고 ご多忙中는 메일 등과 같은 서면에서 자주 쓰인다.

- お忙しいところ、失礼いたします。
  바쁘실 텐데 실례합니다.

- お忙しい中お時間をいただき、誠にありがとうございます。
  바쁘신 중에 시간 내주셔서 정말 감사드립니다.

2 営業部の佐々木課長と本日3時のお約束をいただいており
ますが
영업부 사사키 과장님과 오늘 3시에 약속했습니다만

상대방과 약속을 잡았다는 것을 정중하게 표현할 때「お約束をいただく[약속을 하
다]」라고 한다. 방문처에서 자주 사용하는 말이며 사전에 약속을 했냐며 조심스럽게 질
문을 할 때도 쓰인다.

- 恐れ入りますが、お約束はいただいておりましたでしょうか。
  실례합니다만, 사전에 약속은 잡아 두셨습니까?

- 11時にお約束をいただいております。
  11시에 약속했습니다.

お待ち申し上げておりました。
기다리고 있었습니다.

어느 정도 예의를 지키는 관계에서 상대방과의 만남을 기다리고 있겠다는 말을 할 때는 「お待ちしています[기다리고 있겠습니다]」 또는 「お待ちしております[기다리고 있겠습니다]」와 같이 표현한다. 또한 경의를 한층 높이고 싶다면 「申し上げる[말씀드리다]」라는 말을 덧붙여 「お待ち申し上げております[기다리고 있겠습니다]」라고 표현하는 것이 권장되며 시제는 자유롭게 응용 가능하다.

- お待ちしておりますので、ぜひお越しください。
  기다리고 있을 테니 꼭 오세요.

- 山下様がご来店されるのをお待ち申し上げております。
  야마시타 님께서 내점해주시기를 기다리고 있겠습니다.

 ただ今連絡いたしますので、こちらにお掛けになってお待ちください。
지금 연락드릴 테니 여기 앉아서 기다려주세요.

바닥에 앉아야 하는 경우에는 「お座りください[앉으세요]」라는 표현을 사용하기도 하지만 애완견 등을 훈련시킬 때 쓰는 おすわり[앉아] !를 연상케 하기 때문 다소 듣기 거북하게 느끼는 사람들이 있다. 의자에 앉기를 권할 때는 「お掛けください[앉으세요]」 또는 「お掛けになってください[앉으세요]」라고 표현하는 편이 좋다.

- どうぞお掛けください。
  어서 앉으세요.

- ソファーにお掛けになってご覧ください。
  소파에 앉아서 보세요.

🎧 02_07_p.mp3

1

┃ お忙しいところ、お手数をおかけしますが。

바쁘신 중에 수고스러우시겠지만.

┃ お忙しい中、ご対応いただき、ありがとうございました。

바쁘신 중에 대응해 주셔서 감사합니다.

2

┃ 加藤次長とお約束をいただいておりますが、いらっしゃいま

すか。

가토 차장님과 약속을 했습니다만 계십니까?

┃ 面接のお約束をいただいておりますカンと申します。

면접 약속을 잡은 강이라고 합니다.

3

┃ 心よりお待ち申し上げております。

진심으로 기다리고 있겠습니다.

┃ 伊藤様でいらっしゃいますか。お待ち申し上げておりました。

이토 님이시죠? 기다리고 있었습니다.

4

┃ こちらにお掛けください。

여기에 앉으세요.

┃ お掛けになってしばらくお待ちください。

앉아서 잠시 기다려주세요.

08

거래처에 갔을 때 - 방문 2

본문

戸田サキ　失礼します。❶粗茶ですが、どうぞ。

アン・サンウ　ありがとうございます。

戸田サキ　佐々木はまもなく参りますのでこちらで少々お待ちください。❷私は隣の部屋に控えておりますので、❸何かありましたらお声がけください。

アン・サンウ　ありがとうございます。❹どうぞお構いなく。

토다사키　실례합니다. 변변찮은 차지만 드세요.

안상우　감사합니다.

토다사키　사사키는 곧 오니까 여기서 잠시만 기다려주세요. 저는 옆방에서 대기하고 있을 테니 무슨 일 있으시면 불러주세요.

안상우　감사합니다. 신경 쓰지 않으셔도 괜찮습니다.

단어 ————
参る：行く(가다), 来る(오다)의 겸양어

61

1 **粗茶<ruby>そちゃ</ruby>ですが、どうぞ。**
변변찮은 차지만 드세요.

粗茶<ruby>そちゃ</ruby>는 '변변치 못한, 맛없는 차'를 뜻하는 말로, 차를 내면서 의례 써오던 겸양 표현이 었으나 최근에는 그냥 どうぞ라고 하거나 오히려 고급스럽고 맛있는 차라고 소개하는 경우가 잦아졌다. 또한 보통 차나 커피는 앉아있는 손님의 오른쪽 뒤에서 주는 것이 일반적이지만 의자 배치나 위치상 그게 어려울 때는 한마디 덧붙이며 건넨다.

• 前<ruby>まえ</ruby>から失礼<ruby>しつれい</ruby>いたします。
앞에서 드리겠습니다.

• お茶<ruby>ちゃ</ruby>をお持<ruby>も</ruby>ちいたしましたが、お出<ruby>だ</ruby>ししてもよろしいでし
ょうか。
차를 가지고 왔습니다만 내드려도 될까요?

2 **私<ruby>わたくし</ruby>は隣<ruby>となり</ruby>の部屋<ruby>へや</ruby>に控<ruby>ひか</ruby>えておりますので**
저는 옆방에서 대기하고 있을 테니

控<ruby>ひか</ruby>える는 많은 뜻을 가지고 있지만 여기서는 '용무가 생기거나 순서가 다가올 것을 대비하여 기다리다, 대기하다'라는 의미로 쓰였다. 회사로 방문한 거래처 직원이나 손님이 왔을 때 대기실로 안내한 후 문밖에서 기다리고 있겠다며 자리를 피할 때 자주 사용된다. 이 경우에 「お待<ruby>ま</ruby>ちしております[기다리고 있겠습니다]」를 대신 쓰기도 하니 함께 알아두면 좋겠다.

• 外<ruby>そと</ruby>でお待<ruby>ま</ruby>ちしておりますので、気軽<ruby>きがる</ruby>にお呼<ruby>よ</ruby>びください。
밖에서 기다리고 있을 테니 편하게 불러주세요.

• それでは、私<ruby>わたくし</ruby>はこちらで控<ruby>ひか</ruby>えております。
그럼 저는 여기서 대기하고 있겠습니다.

3 　何かありましたらお声がけください。
無슨 일 있으시면 불러주세요.

声をかける는 '말을 걸다'라는 뜻이기 때문에 존경 표현으로 바꾼「お声をおかけください」「お声がけください」는 '말을 걸어주세요'라는 뜻을 갖지만 이때 お声가 비즈니스 상황에서는 일종의 '질문', '문의', '명령'과 같은 의미를 가지므로 무엇이든 질문하라거나 편하게 명령하라는 뉘앙스로 쓰인다.

- いつでもお声がけください。
  언제든 질문해주세요.

- 受付までお声をおかけください。
  접수처로 문의주세요.

4 　どうぞお構いなく。
신경 쓰지 않으셔도 괜찮습니다.

お構いなく는 상대방이 나를 위해 마음을 써주거나 배려를 해줄 때 미안한 마음에 그것을 부드럽게 거절하기 위해 사용하는 표현이다. 다만, 경우에 따라서는 성의를 무시하는 듯한 느낌을 줄 수도 있기 때문에 조심하는 편이 좋고 비슷한 표현으로는「お気遣いなく」「お気になさらず」등이 있다.

- お構いなく先にお召し上がりください。
  (저는) 신경 쓰지 마시고 먼저 드세요.

- どうかお気になさらず、楽しんでください。
  부디 (저는) 신경 쓰지 마시고 즐기세요.

패턴 연습

1

失礼いたします。お茶が熱いのでお気をつけください。

드세요. 차가 뜨거우니 조심하세요.

どうぞ。香りがとてもよくて飲みやすいですよ。

드세요. 향이 정말 좋아서 목넘김이 부드러워요.

2

私は外で控えておりますので、ご遠慮なくお呼びください。

저는 밖에서 대기하고 있을 테니 주저하지 마시고 불러주세요.

あちらでお待ちしておりますので、書き終わりましたらチャイムを鳴らしてください。

저기서 기다리고 있을 테니 다 쓰시면 벨을 눌러주세요.

3

お気軽にお声がけください。

편하게 문의주세요.

お近くのスタッフまでお声がけください。

가까이에 있는 직원을 불러주세요.

4

見てるだけなので、お構いなく。

보기만 하는 거니까 신경 쓰지 마셔요.

ご返信はお気遣いなく。

답장은 안 하셔도 괜찮습니다.

64

09

손님(방문객)을 맞을 때 - 응대 1

🎧 02_09_d.mp3

본문 • • •

ソン・セジン ❶いらっしゃいませ。徳井様ですね、お待ちしておりました。❷チョはまもなく参りますので、こちらにお掛けになってお待ちくださいませ。

徳井光彦 失礼します。

〜しばらくして〜

チョ・ハギョン お待たせいたしました。どうも申し訳ございません。❸本日はお忙しいところをご足労いただき、誠にありがとうございます。

徳井光彦 こちらこそ、❹お時間を割いていただきありがとうございます。

송세진 어서 오세요. 토쿠이 님이시죠? 기다리고 있었습니다. 조하경 씨는 곧 오실 테니 여기 앉아서 기다려주세요.

도쿠이 미츠히코 알겠습니다.

~ 잠시 후 ~

조하경 오래 기다리셨죠. 정말 죄송합니다. 오늘은 바쁘신 중에 발걸음 해주셔서 대단히 감사드립니다.

도쿠이 미츠히코 저야말로 시간을 내주셔서 감사드립니다.

1 いらっしゃいませ。徳井様ですね、お待ちしておりました。

어서 오세요. 토쿠이 님이시죠? 기다리고 있었습니다.

회사를 방문한 고객 혹은 거래처 직원에게 처음 건네는 인사말은 「いらっしゃいませ [어서 오세요]」이다. 또한 회사명과 이름을 확인한 후 약속된 사람이 올 것을 미리 전달받았다면 「お待ちしておりました[기다리고 있었습니다]」라는 말을 덧붙이는 것이 좋다.

· いらっしゃいませ。大谷航空の林様でいらっしゃいますね。

어서 오세요. 오오타니항공의 하야시 님이시죠?

· 恐れ入りますが、お名前を伺ってもよろしいでしょうか。

죄송합니다만 성함을 여쭤봐도 괜찮을까요?

2 チョはまもなく参りますので、こちらにお掛けになってお待ちくださいませ。

조하경 씨는 곧 오실 테니 여기 앉아서 기다려주세요.

본인이 속한 회사의 직원은 직급 여부를 떠나 낮춰야 하기 때문에 우리나라에서처럼 チョ部長[조 부장님]과 같이 표현하지 않고 部長のチョ[부장인 조] 혹은 チョ[조]와 같이 표현해야 한다. 참고로 お待ちくださいませ의 ませ는 부드럽게 부탁하는 형태로, ください보다 좀 더 정중한 어투이며 주로 여성이 쓴다.

· 担当の者がすぐに参りますので、少々お待ちください。

담당자가 곧 오실 테니 잠시만 기다려주세요.

· しばらくお待ちくださいませ。

잠시만 기다려주세요.

本日はお忙しいところをご足労いただき、誠にありがとうございます。

오늘은 바쁘신 중에 발걸음 해주셔서 대단히 감사드립니다.

ご足労라는 말은 오고 가는 것을 정중하게 표현한 말로, 손윗사람이 일부러 찾아와주는 것에 대한 미안함과 고마운 마음을 나타낼 때 쓸 수 있다. 「ご足労いただき」는 「お越しいただき」와 바꿔 써도 무방하고 이미 와준 상황뿐 아니라 와주기를 바란다는 말을 할 때도 자주 사용된다.

- **弊社までご足労いただければ幸いです。**

  저희 회사까지 와주시면 감사하겠습니다.

- **先日はご足労いただき、ありがとうございます。**

  일전에는 발걸음 해주셔서 감사합니다.

4 お時間を割いていただきありがとうございます。

시간을 내주셔서 감사드립니다.

時間を割く는 '시간을 내다, 할애하다'라는 뜻으로, '여유가 없는 상황에서도 일부러 시간을 만들다'와 같은 의미가 내포되어있다. 상대방이 나를 위해 귀중한 시간을 내준 것에 대해 감사하거나 상대방이 나를 위해 시간을 써야 해서 미안한 경우에 사용된다.

- **貴重なお時間を割いてご相談に乗ってくださり、ありがとうございます。**

  귀중한 시간을 내서 상담해 주셔서 감사드립니다.

- **本日はお時間を割いていただきまして恐縮です。**

  오늘은 시간을 할애하게 만들어서 죄송합니다.

패턴
연습

1

いらっしゃいませ。お待ちしておりました。

어서 오세요. 기다리고 있었습니다.

いらっしゃいませ。ご用件をお伺いします。

어서 오세요. 어떤 용건으로 오셨나요?

2

担当の者はまもなく参りますので、こちらにお掛けになって
お待ちください。

담당자는 곧 오실 테니 여기 앉아서 기다려주세요.

パクはまもなく参りますので、今しばらくお待ちくださいませ。

박 씨는 곧 오실 테니 잠시만 기다려주세요.

3

わざわざご足労いただきありがたくお礼申し上げます。

일부러 와주셔서 진심으로 감사드립니다.

昨日は弊社までご足労いただきありがとうございました。

어제는 저희 회사까지 발걸음 해주셔서 감사합니다.

4

お時間を割いていただきまして光栄です。

시간을 내주셔서 영광입니다.

この度はお時間を割いていただき誠にありがとうございます。

이번에는 시간을 내주셔서 정말 감사합니다.

손님(방문객)을 맞을 때 - 응대 2

🎧 02_10_d.mp3

본문

ソン・セジン　❶失礼ですが、お約束でいらっしゃいますか。

徳井光彦　チョ部長と2時に会う約束をしております。

ソン・セジン　かしこまりました。❷ただいまお取次ぎいたしますので少々お待ちください。(担当者に連絡して) ❸マルバツ社の徳井様がお見えになっています。

ソン・セジン　❹部屋までご案内いたします。

徳井光彦　ありがとうございます。

송세진　실례합니다만, 약속하고 오셨어요?

토쿠이 미츠히코　조 부장님과 2시에 만날 약속을 했습니다.

송세진　알겠습니다. 바로 연결해 드릴 테니 잠시만 기다려주세요. (담당자에게 연락하여) 마루바츠사의 토쿠이 님이 오셨습니다.

송세진　방까지 안내해 드리겠습니다.

토쿠이 미츠히코　감사합니다.

단어
取り次ぐ : 손님이 왔다는 것을 전하다

본문
해설

1 失礼ですが、お約束でいらっしゃいますか。
실례합니다만, 약속하고 오셨어요?

내방객이 본인을 소개하지 않거나 신원을 알 수 없는 경우에는 먼저 용건을 묻는다. 이

때 미리 약속이 되어있냐는 표현을 자주 쓰기 때문에 알아두면 유용하게 쓰인다.

- お約束をいただいておりますでしょうか。
  사전에 약속을 하셨나요?

- 恐れ入りますが、どのようなご用件でしょうか。
  죄송합니다만, 어떤 용건으로 오셨습니까?

2 ただいまお取次ぎいたしますので少々お待ちください。
바로 연결해 드릴 테니 잠시만 기다려주세요.

取り次ぐ는 두 사람 사이에서 다른 사람의 말을 전하는 것 또는 손님이 온 것을 담당

자에게 알리는 것을 가리키는 말이다. 따라서 전화를 받은 입장에서 다른 사람에게 연

결해주거나 내방객이 온 사실을 해당 직원에게 전달할 때 쓰게 되는 표현이고, 반대로

연결해달라고 요청할 때도 사용할 수 있다.

- 仕事の件でお取り次ぎいただきたいのですが。
  일에 대해 드릴 말씀이 있다고 전해주셨으면 하는데요.

- ２時にお約束をいただいておりますので、お取り次ぎお願

  いいたします。
  2시에 만날 약속을 했는데, 전달 부탁드립니다.

70

3 マルバツ社の徳井様がお見えになっています。
마루바츠사의 토쿠이 님이 오셨습니다.

お見えになるは来るの尊敬語로, 손윗사람이나 고객이 왔을 때 쓰는 말이다. 그런데 来る
의 다른 존경 형태와는 다르게 '윗사람이 나타나다'라는 뉘앙스를 갖고 있기 때문에 그 쓰임이
다소 한정적이므로 사용할 때는 주의하는 편이 좋다. 예를 들어 와달라는 의미에서 쓰이는 존경
표현 お越しください[와주세요]를 お見えください라고 바꿔 쓸 수는 없기 때문이다.

• 今日は大切なお客様がお見えになるとのことです。
오늘은 중요한 손님이 오신다고 합니다.

• ジン社長がお見えになりました。
진 사장님이 오셨습니다.

4 部屋までご案内いたします。
방까지 안내해 드리겠습니다.

내방객을 대기실이나 방으로 데려갈 때에는 ご案内いたします[안내해 드리겠습니다] 등과
같은 말을 하게 되는 일이 잦으니 이와 관련된 간단한 말을 알아두면 좋다.

• どうぞお入りください。
들어가십시오.

• 待合室はこちらになります。
대기실은 여기입니다.

🎧 02_10_p.mp3

1 │ いらっしゃいませ。お約束でいらっしゃいますか。

어서 오세요. 약속하고 오셨어요?

│ 恐れ入りますが、お約束をいただいておりましたでしょうか。

죄송합니다만, 약속되어 있으신가요?

2 │ 担当者にお取り次ぎいたしますので、お気軽にご相談ください。

담당자에게 연결해 드리오니 편하게 상담해주세요.

│ スタッフにお取り次ぎいたしますので、少々お待ちいただけ

ますでしょうか。

스텝에게 연결해 드릴 테니 잠시만 기다려주시겠습니까?

3 │ 半田様は先ほどお見えになりました。

한다 님께서는 방금 오셨습니다.

│ 社長はすでにお見えになっています。

사장님은 이미 오셨습니다.

4 │ 待合室までご案内いたします。

대기실까지 안내 드리겠습니다.

│ 係りの者がご案内いたします。

담당자가 안내해 드릴 겁니다.

3

전화 걸고 받기

원어민 MP3

11

건 경우 - 첫 전화

🎧 03_11_d.mp3

본문

● ● ●

イム・ジヌ ❶初めてお電話いたします。 私、百合産業のイムと申します。納期の件でお電話いたしました。❷5分ほどお時間いただいてもよろしいでしょうか。

〜 中略 〜

柳　薫 では、本日中にメールにて納期の詳細をお送りいたします。

イム・ジヌ ❸本日はお忙しいところをありがとうございました。❹今後ともどうぞよろしくお願いいたします。

임진우 처음 전화 드립니다. 저는 백합산업의 임이라고 합니다. 납기 건으로 전화 드렸습니다. 5분 정도 시간 내주실 수 있을까요?

~ 중략 ~

야나기 카오루 그럼 오늘 안에 메일로 납기에 대한 상세 사항을 보내드리겠습니다.

임진우 오늘은 바쁘신 중에 감사합니다. 앞으로도 잘 부탁드립니다.

단어 ——

にて : 동작의 수단·재료를 가리키는 말, 〜로

1 初めてお電話いたします。
처음 전화 드립니다.

처음 전화를 걸 때는 상대방이 당황하지 않도록 인사말을 덧붙이는 것이 좋다. 또한 상

대가 묻기 전에 회사명과 이름을 정확히 밝히는 것도 중요하다.

- はじめまして。私 近代商事のユジスと申します。

  처음 뵙겠습니다. 저는 근대상사의 유지수라고 합니다.

- 突然のお電話で失礼いたします。生産部の橋下と申します。

  갑자기 전화 드려 죄송합니다. 생산부의 하시모토라고 합니다.

2 5分ほどお時間いただいてもよろしいでしょうか。
5분 정도 시간 내주실 수 있을까요?

전화를 걸었을 때 상대방이 통화가 가능한지 묻는 것은 기본 예의이므로 「お時間い

ただいてもよろしいでしょうか[시간 내주실 수 있을까요?]」라는 문구는 외워서

사용하는 편이 좋다.

- お時間少々かかりますが、お話させていただいてもよろし

  いでしょうか。

  시간이 다소 걸립니다만, 말씀 좀 드려도 될까요?

- お時間いただけますでしょうか。

  시간 내주실 수 있을까요?

3 **本日はお忙しいところをありがとうございました。**
오늘은 바쁘신 중에 감사합니다.

통화를 끝낼 때는 다시 한번 시간을 할애해 준 것에 대해 감사한 마음을 전하는 편이 좋다. 2과에서 공부한 「お忙しいところ[바쁘신 중에]」라는 표현을 응용하거나 시간을 내줘서 고맙다는 말을 직접 하면 된다. 혹시 통화가 길어졌거나 요청할 사항이 많았다면 감사 인사 대신 사과를 할 수도 있다.

- **お時間いただきましてありがとうございました。**
  시간 내주셔서 감사합니다.

- **長電話になってしまい、申し訳ございませんでした。**
  통화가 길어져 죄송합니다.

4 **今後ともどうぞよろしくお願いいたします。**
앞으로도 잘 부탁 드립니다.

첫 전화라면 대면했을 때와 마찬가지로 잘 부탁한다는 인사로 마무리하는 것이 일반적이다. 또 今後ともと는 これから[앞으로]와 같은 뜻으로, 비즈니스 상황에서 자주 등장하는 표현이므로 알아 두기로 하자.

- **今後ともお世話になるかと思いますが、よろしくお願いします。**
  앞으로도 신세를 지게 될 것 같습니다만 잘 부탁드립니다.

- **今後ともお電話をいただければ、いつでもご相談に乗ります。**
  앞으로도 전화 주시면 언제든 상담해 드리겠습니다.

1 ┃ 初めてお電話いたしますが、私Jテクノロジーの金田と申します。

処음 전화 드립니다만 저는 J테크놀로지 가네다라고 합니다.

┃ 初めてお電話させていただきます。品質管理部のホンと申します。

처음 전화 드립니다. 품질관리부의 홍이라고 합니다.

2 ┃ 少々お時間いただいてもよろしいでしょうか。

잠시 시간 내주실 수 있으실까요?

┃ いくつかご質問がありますが、お時間いただいてもよろしいでしょうか。

몇 가지 질문 드리고 싶습니다만 시간 내주실 수 있으실까요?

3 ┃ 本日はお話をお聞きくださいまして、ありがとうございました。

오늘은 이야기를 들어주셔서 감사합니다.

┃ お忙しいところ、大変申し訳ございませんでした。

바쁘신 중에 대단히 죄송합니다.

4 ┃ 今後ともお電話にてよろしくお願いいたします。

앞으로도 전화로 잘 부탁드립니다.

┃ 今後ともお手数をおかけしますが、どうぞよろしくお願いいたします。

앞으로도 수고를 끼쳐드리게 되겠지만 부디 잘 부탁드립니다.

12

건 경우 - 휴대전화로 걸기

🎧 03_12_d.mp3

본문 ● ● ●

イム・ジヌ	百合産業のイム・ジヌと申します。❶柳様の携帯電話でよろしいでしょうか。
柳 薫	はい、柳です。お世話になっております。
イム・ジヌ	いつもお世話になっております。❷携帯電話のほうまで追いかけてしまい、申し訳ございません。見積もりの件で今、お話してもよろしいでしょうか。
イム・ジヌ	百合産業のイム・ジヌと申します。柳様の携帯電話でお間違いないですか。
柳 薫	はい、柳です。
イム・ジヌ	お世話になっております。今お話することは可能でしょうか。
柳 薫	申し訳ございません。❸ただ今、電話を聞き取りにくい場所におります。
イム・ジヌ	失礼いたしました。❹それでは後ほど改めてお電話いたします。

⭐⭐ **해석 233P**

1 柳様の携帯電話でよろしいでしょうか。
야나기 님 휴대폰이 맞습니까?

보통은 개인정보를 알려주지 않지만 특수한 경우에는 휴대폰으로 연락을 주고받기도

한다. 사전에 번호를 전달받았더라도 업무 관계로 전화를 걸었다면 일단 본인이 맞는

지 확인을 해야 한다.

• キム様の携帯電話でお間違いないでしょうか。
　김 님의 휴대폰이 맞습니까?

• 失礼ですが、山本社長の携帯電話でよろしいですか。
　실례합니다만 야마모토 사장님의 휴대폰이 맞습니까?

2 携帯電話のほうまで追いかけてしまい、申し訳ございません。
휴대폰에까지 전화해서 죄송합니다.

예문에서 쓰인 追いかける는 본래 '쫓아가다'라는 뜻을 갖는 단어로, 외출한 곳까지

쫓아가서, 혹은 계속해서 전화를 걸었다는 의미로 쓰인다. 그런데 최근에는 담당자와

의 원활한 소통을 위해 업무용 개인 번호를 알려주는 경우도 있으니 참고 바란다.

• 出先にいらっしゃるところ、お電話おかけして、申し訳ご

　ざいません。
　외출하셨는데 연락 드려 죄송합니다.

• 連絡は携帯電話のほうまでお願い申し上げます。
　연락은 휴대전화로 부탁드립니다.

3 ただ今、電話を聞き取りにくい場所におります。
지금 잘 안 들리는 곳에 있습니다.

내가 전화를 걸었다면 상대가 편하게 통화할 수 있는 상황인지를 확인하기 위해 용건을 밝히는 것이 좋고 상대가 전화를 걸었는데 통화가 길어질 것 같거나 곤란한 장소에 있다면 통화가 어렵다는 것을 간접적으로 표현하는 것이 바람직하다. 참고로 일본에서는 아직도 전화가 잘 안 터지는 곳이 있다.

• ただ今、電波が届きにくい場所におります。
  지금 전파가 잘 안 터지는 곳에 있습니다.

• 静かな場所へすぐ移りますので、少々お待ちいただけますか。
  조용한 곳으로 바로 옮길 테니 잠시만 기다려 주시겠습니까?

4 それでは後ほど改めてお電話いたします。
그럼 조금 후에 다시 전화 드리겠습니다.

'전화를 드리다'라는 표현은 예문에서와 같이「お電話いたします」라고 해도 되고, 허락을 구하는 듯한「お電話させていただきます」를 사용해도 괜찮다. 다만, '전화를 드리다'를 그대로 직역한「お電話差し上げます」는 상대를 높이는 표현이기는 하지만 경우에 따라서 듣는 사람이 불편하게 느낄 수도 있다고 한다.

• こちらから改めてお電話させていただきます。
  저희 쪽에서 다시 전화 드리겠습니다.

• では、また4時頃に改めてお電話いたします。
  그럼 또 4시쯤 다시 전화 드리겠습니다.

1

アン部長の携帯電話でよろしいでしょうか。

안 부장님 휴대폰이 맞습니까?

コと申しますが、浜村専務の携帯電話でよろしいでしょうか。

고라고 합니다만, 하마무라 전무님 휴대폰이 맞습니까?

2

出先にいらっしゃるところ、何度もすみません。

외근 가 계신 곳까지 몇 번이나 연락 드려 죄송합니다.

外出先にまでお電話して、失礼いたします。

외출하셨는데 전화 드려 죄송합니다.

3

ただ今、少々混雑した場所におります。

지금, 다소 혼잡한 곳에 있습니다.

ただ今、電波の繋がりにくい場所におります。

지금, 전파가 잘 안 통하는 곳에 있습니다.

4

それでは後ほど改めておかけいたします。

그럼 조금 후에 다시 걸겠습니다.

それでは後ほど改めてご連絡申し上げます。

그럼 조금 후에 다시 연락 드리겠습니다.

13

건 경우 - 전화 바꿔달라고 부탁하기

🎧 03_13_d.mp3

본문

イム・ジヌ	私、百合産業のイムと申します。❶いつもお世話になっております。❷恐れ入りますが、人事部の柳様はいらっしゃいますか。
斎藤カナ	百合産業のイム様でいらっしゃいますね。いつもお世話になっております。❸ただ今、柳におつなぎいたしますので、少々お待ちください。
	〜用件を述べる〜
イム・ジヌ	お時間いただきありがとうございました。よろしくお願いいたします。❹失礼いたします。

임진우	저는 백합산업의 임진우라고 합니다. 항상 신세를 지고 있습니다. 죄송합니다만 인사부의 야나기 님은 계십니까?
사이토 카나	백합산업의 임진우 님이시죠? 항상 신세를 지고 있습니다. 지금 야나기 씨에게 연결해 드릴 테니 잠시만 기다려주세요.
	~ 용건을 말한다 ~
임진우	시간 내주셔서 감사합니다. 잘 부탁드립니다. 안녕히 계세요.

1　いつもお世話になっております。
항상 신세를 지고 있습니다.

평소에 알고 지내거나 거래를 하는 회사와의 정형화된 인사다. 전화를 걸었을 때 본인

이 직접 아는 사람이 받지 않더라도 이 말을 건네는 것이 예의다. 만약 최근에 만난 적

이 있거나 함께 일을 한 사이라면 「先日はお世話になりました[지난 번에는 신세

를 졌습니다]」와 같이 표현하기도 한다.

- **いつも大変お世話になっております。**
  항상 대단히 신세를 지고 있습니다.

- **この度は、見学の件で、お世話になりました。**
  이번에는 견학 관련해서 신세를 졌습니다.

2　恐れ入りますが、人事部の柳様はいらっしゃいますか。
죄송합니다만 인사부의 야나기 님은 계십니까?

통화를 원하는 사람을 찾을 때는 우선 쿠션어로 배운 「恐れ入りますが[죄송합니다

만]」를 써서 그분이 계시냐고 묻는다. 이때 정중하게 말하려고 「ございますか[있습니

까]」를 쓰는 경우가 있는데, 이것은 본인을 낮추는 말이 되기 때문에 반드시 「いらっし

ゃいますか[계십니까]」를 쓰도록 한다.

- **恐れ入りますが、販売担当の方にお取り次ぎいただけますか。**
  죄송합니다만 판매 담당자분께 연결해 주실 수 있을까요?

- **お仕事中、誠に恐れ入ります。キム部長はいらっしゃいますか。**
  일하시는데 대단히 죄송합니다. 김 부장님 계신가요?

3 ただ今、柳におつなぎいたしますので、少々お待ちください。
지금 야나기 씨에게 연결해 드릴 테니 잠시만 기다려주세요.

본인이 속한 회사 사람은 본인보다 직급이 높아도 낮춰야 하기 때문에 직급을 붙이지 않고 이름만 얘기한다. 연결해드리겠다고 할 때는 つなぐ[연결하다]와 取り次ぐ[상대방의 의사를 전달하다] 모두 사용할 수 있다.

- 橋下でございますね。ただ今おつなぎいたします。
  하시모토 말씀이시죠? 지금 연결해드리겠습니다.

- 担当の者に代わりますので、少々お待ちくださいませ。
  담당자를 바꿔드릴 테니 잠시만 기다려주세요.

4 失礼いたします。
안녕히 계세요.

일본어에는 '안녕히 계세요', '들어가세요'와 같은 인사말이 따로 없다. 헤어질 때는 보통 그 상황에 맞는 인사말로 마무리를 하는데, 전화를 끊는 경우라면 「失礼します・失礼いたします[실례합니다]」라는 말을 하는 것이 가장 일반적이다. 그리고 전화는 건 쪽이 먼저 끊는 것이 예의이기 때문에 내가 걸었다면 인사 후에 잠시 시간을 뒀다가 끊고 상대가 먼저 걸어왔다면 상대가 끊을 때까지 기다린다.

- こちらこそお電話ありがとうございました。
  저야말로 전화주셔서 감사합니다.

- お時間をいただいて申し訳ありませんでした。
  시간을 뺏어서 죄송합니다.

85

🎧 03_13_p.mp3

1

平素よりお世話になっております。

평소부터 신세를 지고 있습니다.

弊社のヤンがお世話になっております。

저희 회사 양 씨가 신세를 지고 있습니다.

2

恐れ入りますが、担当の方はいらっしゃいますか。

죄송합니다만 담당자분 계신가요?

恐れ入りますが、総務課の三井様はいらっしゃいますか。

죄송합니다만 총무과의 미츠이 님은 계신가요?

3

田中にお取り次ぎいたしますので、少々お待ちください。

타나카 씨에게 연결해 드릴 테니 잠시만 기다려주세요.

営業課の酒井に代わりますので、少々お待ちください。

영업과의 사카이 씨를 바꿔드릴 테니 잠시만 기다려주세요.

4

それではよろしくお願いします。失礼いたします。

그럼 잘 부탁드립니다. 수고하세요.

後日改めてお電話いたします。失礼いたします。

추후에 다시 전화드리겠습니다. 들어가세요.

14

건 경우 – 약속하기

🎧 03_14_d.mp3

본문	

アン・サンウ いつもお世話になっております。お忙しいところ恐れ入ります。❶打ち合わせの件で直接会ってお話を伺いたいのですが、❷戸田様のご都合はいかがでしょうか。

戸田サキ 今週は立て込んでおりまして、❸週明けには時間が取れると思いますが。

アン・サンウ では、来週の火曜日はいかがでしょうか。

戸田サキ はい、午後なら会社におりますので。

アン・サンウ それでは、❹16日火曜日の午後3時に御社にお伺いします。

戸田サキ わかりました。お待ちしております。

안상우 늘 신세를 지고 있습니다. 바쁘신 중에 죄송합니다. 미팅 건으로 직접 만나서 얘기를 듣고 싶습니다만 토다 님 일정은 어떠신가요?

도다 사키 이번 주는 바빠서 차주 초에는 시간이 날 것 같아요.

안상우 그럼 다음주 화요일은 어떠세요?

도다 사키 네, 오후에는 회사에 있습니다.

안상우 그러면 16일 화요일 오후 3시에 귀사로 찾아 뵙겠습니다.

도다 사키 알겠습니다. 기다리고 있겠습니다.

단어

立て込む : 일이 겹쳐서 바쁘다

87

본문
해설

1 打ち合わせの件で直接会ってお話を伺いたいのですが

미팅 건으로 직접 만나서 얘기를 듣고 싶습니다만

직접 만날 약속을 정할 때 쓸 수 있는 표현이다. 이때 聞く의 겸양어인 伺う를 써서 「お話を伺いたい[이야기를 듣고 싶다]」라고 해도 충분히 정중하지만 思う의 겸양어 存じる를 사용하면 좀 더 조심스러운 느낌을 주게 된다.

• 次回の打ち合わせの件でご連絡いたしました。

　다음 번 미팅 때문에 연락 드렸습니다.

• お返事は直接お目にかかって伺いたいと存じますが。

　답변은 직접 만나서 듣고 싶습니다만.

2 戸田様のご都合はいかがでしょうか。

토다 님 일정은 어떠신가요?

만나기 위한 약속을 할 때는 상대 일정에 대해 먼저 묻는 것이 예다. 이때 '사정', '형편', '일정' 등의 의미를 갖는 都合라는 단어를 사용하는 것이 가장 일반적이며 어떻냐고 물어볼 때는 どうですか보다 いかがでしょうか가 훨씬 정중하다.

• 打ち合わせはいつがご都合よろしいでしょうか。

　미팅은 언제 시간이 괜찮으세요?

• 本日、2時に伺いたく存じますが、ご都合はいかがでしょうか。

　오늘 2시에 찾아뵈려고 합니다만 일정은 어떠세요?

3 週明けには時間が取れると思いますが。
しゅうあ　　　　　　じかん　　と　　　　　おも
차주 초에는 시간이 날 것 같아요.

しゅうあ
週明けとは 보통 다음 주 월요일을 가리키기는 하지만 경우에 따라서 일요일이나 화요일을 의미

할 수도 있기 때문에 정확한 요일을 확인하고 싶은 경우라면「月曜日中でよろしいでしょ
げつようびちゅう

うか[월요일 중이 맞나요?]」와 같이 되묻는 편이 바람직하다. 또한 時間を取る는 어떤 일에
じかん　と

시간을 갖는다는 뜻으로, 都合がつく[형편이 되다]와 같은 말과 바꿔 쓸 수 있다.
つごう

- しゅうあ　　　　　　れんらく
  週明けにはご連絡いたします。
  차주 초에는 연락 드리겠습니다.

- もくようびいこう　　　つごう　　　　　おも
  木曜日以降なら都合がつくと思います。
  목요일 이후라면 시간이 날 것 같습니다.

4 16日火曜日の午後３時に御社にお伺いします。
にちかようび　　ごご　じ　　おんしゃ　　うかが
16일 화요일 오후 3시에 귀사로 찾아 뵙겠습니다.

うかが　　き　　　　　と
伺う는 聞く[듣다], 問う[묻다] 외에도 訪れる[방문하다]의 겸양어로 많이 쓰인다. 상대 회
おとず

사로 찾아가겠다고 할 때는 伺う와 함께 行く・来る의 겸양어인 参る를 쓰기도 한다.
うかが　　　　　い　く　　　　　　まい

- たんとうしゃ　　　　　　うかが
  担当者がそちらまで伺います。
  담당자가 그쪽까지 찾아뵐 겁니다.

- あした　ごぜん　　　じ　おんしゃ　まい
  明日の午前１１時に御社へ参ります。
  내일 오전 11시에 귀사로 가겠습니다.

89

🎧 03_14_p.mp3

1 ❘ 発送の件でお伺いしたいことがあり、ご連絡いたしました。

발송 건으로 여쭤보고 싶은 게 있어 연락 드렸습니다.

❘ より詳しくお話を伺いたいのですが、お時間よろしいでしょうか。

보다 더 자세하게 얘기를 듣고 싶습니다만 시간 괜찮으세요?

2 ❘ お話を聞かせていただきたいのですが、ご都合はいかがでしょうか。

이야기를 듣고 싶습니다만 일정은 어떠신가요?

❘ よろしければ今週中にお伺いしたいのですが、ご都合はいかがでしょうか。

괜찮으시면 이번 주 중에 찾아뵙고 싶습니다만 일정은 어떠신가요?

3 ❘ 今月までには確認の時間が取れると思いますが。

이번 달까지는 확인할 시간이 날 것 같습니다만

❘ 10時以降でしたら都合がつくと思いますので。

10시 이후라면 시간이 될 것 같아서요.

4 ❘ ご連絡いただければ打ち合わせにお伺いします。

연락 주시면 미팅하러 찾아 뵙겠습니다.

❘ よろしければ、午前中に伺ってもよろしいでしょうか。

괜찮으시면 오전 중에 찾아뵈도 될까요?

15

건 경우 - 예약하기

🎧 03_15_d.mp3

본문 ● ● ●

お店 お電話ありがとうございます。ビストロABと申します。

自分 すみません。❶予約をお願いしたいんですが。

お店 はい。ありがとうございます。それではお日にちをお願いします。

自分 ❷10月5日の6時から5名でお願いします。

お店 ご確認いたします。10月5日の6時より5名様でございますね。恐れ入りますが、ご予約のお名前とお電話番号をお願いいたします。

自分 パク・ユリと申します。090-1234-5678です。

お店 かしこまりました。❸それではこちらで10月5日の6時より5名様お席の方ご用意させていただきます。

自分 ❹よろしくお願いします。

お店 はい。ありがとうございます。

★★▶ 해석 233P

1 予約をお願いしたいんですが。
予약하고 싶은데요.

가게나 호텔 등 예약 전화를 걸 때는 정형화된 이 문구를 사용하면 된다. 고객이나 거래처를 상대할 때만큼 조심스러울 필요는 없지만 영업시간에 전화를 받는 경우가 많기 때문에 종업원이 바쁠 것을 고려하여 「お忙しいところすみません[바쁘신데 죄송합니다]」와 같은 말을 하면 좋은 인상을 줄 수 있다.

· 家族で受診したいのですが、一度に予約できますか。
  가족 다 같이 진료를 받고 싶은데 한꺼번에 예약할 수 있나요?

· お忙しいところすみません。当日でも予約取れますか。
  바쁘신데 죄송해요. 당일이라도 예약할 수 있나요?

2 10月5日の6時から5名でお願いします。
10월 5일 6시부터 다섯 명 부탁드립니다.

예약하길 원하는 날짜가 언제냐는 질문에는 날짜와 시간, 인원수를 밝히고 お願いします라고 답하는 것이 가장 일반적이고 정중하다. 혹시 추가로 부탁할 사항이 있다면 그 내용을 모두 전달한 뒤 역시나 부탁드린다고 덧붙이는 것이 좋다.

· ベビーカーがあるので、他のお客さんに迷惑にならない席
  でお願いします。
  유모차가 있어서 다른 손님들에게 피해가 가지 않는 자리로 부탁드립니다.

· できれば個室でお願いします。
  가능하면 룸으로 부탁드릴게요.

3 お席の方ご用意させていただきます。
자리 준비해 두겠습니다.

접객을 하는 쪽에서는 실수가 없도록 예약 내용을 여러 번 되묻게 되는데, 이것이 마지막 확인

절차라고 보면 된다. 여기서 쓰인 「ご用意させていただきます[준비를 해두겠습니다]」는

비즈니스 상황에서도 상대방에게 무언갈 준비하도록 부탁받은 경우에 자주 사용한다.

• 詳しい資料をご用意させていただきます。
자세한 자료를 준비해 두겠습니다.

• お料理は4名様お任せコースでご用意させていただきます。
요리는 네 분 모두 오마카세 코스로 준비해 두겠습니다.

4 よろしくお願いします。
잘 부탁드립니다.

예약을 모두 마치고 전화를 끊을 때 하는 인사말이다. 지인의 소개를 받고 연락을 했거나 방문

하게 되는 가게에 대한 애정을 전하고 싶다면 「楽しみにしてます[기대하고 있겠습니다]」와

같은 말을 하는 것도 좋다. 종업원 역시 기다리고 있겠다는 인사를 하는 경우도 있다.

• それでは、楽しみにしてますね。
그럼 기대하고 있을게요.

• お待ちしております。
기다리고 있겠습니다.

🎧 03_15_p.mp3

1

明日の午後4時半頃に予約をお願いしたいんですが。

내일 오후 4시 반쯤에 예약하고 싶은데요.

9月3日から2泊、予約をお願いしたいんですが。

9월 3일부터 2박 예약하고 싶은데요.

2

できればテラス席でお願いします。

가능하면 테라스 자리로 부탁드립니다.

タバコを吸うので、喫煙席でお願いします。

담배를 피우니까 흡연석으로 부탁드립니다.

3

お飲み物はご満足いただけるまでご用意させていただきます。

음료는 만족하실 때까지 준비해 두겠습니다.

景色を楽しめるお席をご用意させていただきます。

경치를 즐길 수 있는 자리를 준비해 두겠습니다.

4

よろしくお願いします。失礼いたします。

잘 부탁드립니다. 안녕히 계세요.

はい、それではどうも。

네, 그럼 들어가세요.

16

건 경우 - 부재 메시지 남기기 1

본문　　　　　　　　　　　　　　　　　　● ● ●

鈴木ユイ　　はい、日本食品でございます。

キム・マミ　　ご無沙汰しております。ソウル支店のキムですが、新垣部長

　　　　　　　いらっしゃいますか。

鈴木ユイ　　こちらこそご無沙汰しております。申し訳ございませんが、

　　　　　　　❶あいにく新垣は席を外しております。戻りましたら、ご連絡

　　　　　　　差し上げましょうか。

キム・マミ　　❷失礼ですが、いつ頃お戻りになりますでしょうか。

鈴木ユイ　　ただ今新垣は来客中でございまして、もうしばらくかかりそ

　　　　　　　うですが、❸何かお急ぎのご用でしょうか。

キム・マミ　　クレームの件でご相談があり、連絡いたしました。❹それで

　　　　　　　は、お戻り次第、お電話くださるようお伝えください。

▰▰▶ 해석 234P

あいにく新垣は席を外しております。
공교롭게도 아라가키 부장님은 자리에 안 계십니다.

찾는 사람이 부재중인 경우에 사용할 수 있는 일반적인 문구다. いない[없다]라고 하기보다는「席を外す[자리를 비우다]」라는 표현을 쓰도록 하자. 또한 전화를 건 상대를 높이기 위해 겸양어 おる를 함께 사용한다.

- **リュはただ今会議中でございますが。**
  류 씨는 지금 회의 중입니다만.

- **あいにく松浦は外出しておりまして、午後3時には戻って来る予定となっております。**
  공교롭게도 마츠우라 씨는 외출 중이라 오후 3시에는 돌아올 예정입니다.

2 失礼ですが、いつ頃お戻りになりますでしょうか。
실례합니다만 언제쯤 돌아오실까요?

통화를 원하는 상대가 부재중일 때 다시 연락하겠다며 전화를 끊을 수도 있지만 만약 급한 용무가 있거나 언제 회사로 돌아오는지 먼저 알려주지 않았다면 정확히 물어보는 편이 좋다. 그래야 전화를 건 사람뿐만 아니라 대신 전화를 받은 사람도 이후에 어떤 행동을 취해야 할지 판단할 수 있기 때문이다.

- **何時頃ならいらっしゃいますか。**
  몇 시 정도라면 계실까요?

- **恐れ入りますが、いつ頃ご連絡いただけますでしょうか。**
  죄송합니다만 언제쯤 연락받을 수 있을까요?

3 何かお急ぎのご用でしょうか。

뭔가 급한 용무라도 있으세요?

상대에게 급한 용무가 있거나 가능한 한 빨리 연락을 취해야 하는 특수한 상황이라면 전화를 받는 쪽의 대응도 달라져야 하기 때문에 이렇게 물어볼 수 있다. 다만, 급한 일이냐는 질문을 민감하게 받아들이는 사람도 있으므로「差し支えなければ[만약 폐가 되지 않는다면]」이라는 쿠션어와 함께 용건을 알려달라고 조심스럽게 물어보기도 한다.

- お急ぎであれば、ジョンの携帯電話へ連絡を取りますが。

  급하시면 정 씨 휴대폰으로 연락을 해보겠습니다만.

- 差し支えなければ、私が代わりにご用件を承ります。

  만약 폐가 되지 않는다면 제가 대신 용건을 듣겠습니다.

4 それでは、お戻り次第、お電話くださるようお伝えください。

그럼 돌아오시는 대로 전화해 주십사 전달해주세요.

상대가 편한 시간에 전화를 걸기를 바란다면「折り返しお電話いただけますでしょうか[다시 전화 주실 수 있나요?]」라고 얘기할 수 있다. 折り返し라는 말은 짧은 시간 내에 다시 연락을 취할 때 쓰는 정형화된 표현이다. 내 쪽에서 다시 전화를 걸겠다고 할 때는「折り返しお電話いたします[다시 전화 드리겠습니다]」라고 말하면 된다.

- 午後1時以降にお電話いただけますと大変ありがたいです。

  오후 1시 이후에 전화 주시면 정말 감사하겠습니다.

- 明日にでもお電話いただけますよう、お願い申し上げます。

  내일이라도 전화 주십사 부탁드립니다.

🎧 03_16_p.mp3

1 ┃ あいにく社長の中村は席をはずしておりますが、おそらく10分ほどで戻ると思います。

공교롭게도 나카무라 사장님은 자리에 안 계십니다만 아마 10분 정도 뒤에 돌아오실 것 같습니다.

┃ あいにくコは席をはずしておりまして、折り返しお電話させていただいてよろしいでしょうか。

공교롭게도 고 씨는 자리에 안 계셔서 다시 전화 드려도 될까요?

2 ┃ 恐れ入りますが、いつ頃お戻りになりますか。

죄송합니다만 언제쯤 돌아오시나요?

┃ 恐れ入りますが、いつ頃お電話いただけますか。

죄송합니다만 언제쯤 전화 주실 수 있으세요?

3 ┃ お急ぎであれば優先的に対応させていただきます。

급하시면 우선적으로 대응해드리겠습니다.

┃ 2時には終わる予定ですが、お急ぎのご用件でしょうか。

2시에는 끝날 예정입니다만 급한 용건이십니까?

4 ┃ 松井様がお戻り次第、折り返しお電話いただけますようお伝えください。

마츠이 님이 돌아오시는 대로 다시 전화 주십사 전달해주세요.

┃ こちらは急いでおりませんので、お戻り次第お電話いただければ幸いです。

저희는 급하지 않으니 돌아오시는 대로 전화 주시면 감사하겠습니다.

17

건 경우 – 부재 메시지 남기기 2

본문

キム・マミ	見積もりの件でお電話いたしました。加藤様はいらっしゃいますでしょうか？
斎藤カナ	加藤は本日外出先から戻らない予定となっておりますが。
キム・マミ	緊急なのですが、❶伝言をお願いしてもよろしいでしょうか。先日メールでお送りした見積書をご確認後、お電話もしくは、メールでの返信を本日中にいただきたい❷とおことづけをお願いいたします。
斎藤カナ	承知いたしました。❸加藤に申し伝えます。
キム・マミ	私、ココシャのキム・マミと申します。恐れ入りますが、❹念のためお名前のほどご教示いただけますでしょうか。

김마미	견적건으로 전화 드렸습니다. 카토 님은 계십니까?
사이토 카나	카토 씨는 오늘 외출한 곳에서 돌아오지 않을 예정입니다만.
김마미	긴급한 일인데 전언을 부탁드려도 될까요? 며칠 전에 메일로 보내 드린 견적서를 확인하신 후 오늘 내로 전화 또는 메일로 답장을 주십사 전달 부탁드립니다.
사이토 카나	알겠습니다. 카토 씨에게 전해 드리겠습니다.
김마미	저는 코코샤의 김마미라고 합니다. 죄송합니다만 혹시 몰라서 그런데 성함을 알려 주실 수 있을까요?

伝言をお願いしてもよろしいでしょうか。
전언을 부탁 드려도 될까요?

찾는 사람이 부재중일 때 다른 사람에게 용건을 전달하는 경우 '전언'이라는 말인 伝言을 사용할 수도 있고, '전달하다'인 伝える를 겸양어로 표현한 「お伝えいただけますか[전달해 주실 수 있어요?]」라는 말을 해도 된다.

- **チェ社長に伝言をお願いしてもよろしいでしょうか。**
  최 사장님께 전언 부탁드려도 될까요?

- **お話したいことがあるとお伝えいただけますか。**
  나누고 싶은 얘기가 있다고 전해주실 수 있을까요?

 ~とおことづけをお願いいたします。
~라고 전달 부탁드립니다.

伝言처럼 찾는 사람이 부재중일 때 메시지를 남기며 쓸 수 있는 표현에는 おことづけ가 있다. 다른 사람에게 부탁해서 전언을 남기는 것을 뜻하는 말로, 「~とおことづけください[~라고 전달해주세요]」와 같이 전하고자 하는 내용을 앞에 밝히며 사용하게 된다. 伝言과 의미 차이는 크게 없지만 좀 더 경의가 더한 느낌을 갖는다.

- **先日の件を再度話し合いたいとおことづけください。**
  며칠 전 건에 대해 재차 얘기를 나누고 싶다고 전달해 주세요.

- **担当の方におことづけをお願いします。**
  담당자분에게 전달 부탁드립니다.

3 加藤に申し伝えます。
카토 씨에게 전해 드리겠습니다.

申し伝える는 얘기를 전달해 달라는 부탁에 답하는 겸손한 표현이다. 「お伝えします[전달하겠습니다]」도 본인을 낮추는 겸양어이기 때문에 같은 상황에서 쓰는 경우가 종종 있으나 사외 사람의 말을 사내 사람에게 전달할 때는 사내 사람을 높이는 표현이 되어버리므로 정확하게는 申し伝えます라고 해야 한다.

- かしこまりました。次長のイに申し伝えます。
  알겠습니다. 이 차장님께 전달해드리겠습니다.

- 私より担当者に申し伝えますので、回答をお待ちいただけますか。
  제가 담당자에게 전해 드릴 테니 답변 기다려 주실 수 있을까요?

4 念のためお名前のほどご教示いただけますでしょうか。
혹시 몰라서 그런데 성함을 알려주실 수 있을까요?

이야기를 전달하는 과정에서 추후에 문제가 생기지 않도록 전화를 대신 받은 사람이 누군지 확실히 알고 있는 편이 좋다. ご教示는 상대가 나에게 가르치는 것을 의미하는 말로 「ご教示ください」는 「教えてください[가르쳐주세요]」를 좀 더 정중하게 표현한 말이다.

- 打ち合わせの詳細をご教示いただけますか。
  미팅 상세 사항을 알려주실 수 있을까요?

- ご連絡先をご教示願えますか。
  연락처를 알려주실 수 있나요?

101

🎧 03_17_p.mp3

1

よろしければご伝言を 承 ります。

괜찮으시면 전언을 듣겠습니다.

五十嵐様に伝言をお願いできますか。

이가라시 님께 전언을 부탁드려도 될까요?

2

恐れ入りますが、おことづけお願いできますでしょうか。

죄송합니다만 전달 부탁드릴 수 있을까요?

資料をお送りしたとおことづけください。

자료 보내드렸다고 전달해주세요.

3

すぐご連絡するように申し伝えますので、少々お待ちください。

바로 연락하라고 전해드릴 테니 잠시만 기다려 주세요.

参加するよう申し伝えますので、今後ともどうぞよろしくお
願いします。

참가하도록 전해드릴 테니 앞으로도 잘 부탁드립니다.

4

発注方法ついてご教示いただけますでしょうか。

발주 방법에 대해 알려주실 수 있을까요?

現在の進捗状況をご教示いただければ幸いです。

현재의 진척 상황을 알려 주시면 감사하겠습니다.

18

받은 경우 – 타인에게 용건

🎧 03_18_d.mp3

본문

イム・ジヌ	❶お待たせいたしました。百合産業、営業部、イムジヌでございます。
水原幸子	いつもお世話になっております。バラ製薬、広報部の水原と申します。
イム・ジヌ	❷水原様ですね。いつもありがとうございます。
水原幸子	ジョン様はいらっしゃいますでしょうか。
イム・ジヌ	マーケティング部のジョンでございますね。ただいまおつなぎしますので、少々お待ちください。

~保留が長くなる~

| イム・ジヌ | ❸お待たせして申し訳ございません。❹ただいまジョンが別の電話に出ておりますため、10分後にかけ直させていただいてもよろしいでしょうか。 |
| 水原幸子 | わかりました。では、お願いします。 |

★ ☆ ☆ ▶ 해석 234P

103

お待たせいたしました。
오래 기다리셨습니다.

전화를 조금 늦게 받았을 때 하는 인사말이다. 만약 전화벨이 꽤 오래 울리고 나서 받았다면 「大変[매우]」와 같은 부사를 붙여 표현하기도 한다. 일반적으로 비즈니스상의 전화를 받을 때는 「もしもし[여보세요]」라고 하지 않으며 아침 시간이면 「おはようございます[안녕하세요]」를 쓸 때도 있다.

• 大変お待たせいたしました。F商事のキムです。
  정말 오래 기다리셨습니다. F상사의 김입니다.

• お電話ありがとうございます。韓国食品でございます。
  전화 주셔서 감사합니다. 한국식품입니다.

水原様ですね。 いつもありがとうございます。
미즈하라 님이시군요. 항상 감사합니다.

전화를 건 상대방이 소속과 이름을 밝혔을 때 내가 직접 아는 사람이 아닐지라도 거래처 관계자이거나 한 번이라도 들어본 이름이라면 이름을 확인하며 감사 인사를 전하는 것이 예의다. 또 전화를 건 상대방이 얼마전에 내 회사의 부하 직원과 만난 것을 알고 있다면 부하의 이름을 대며 신세를 진 것에 대해 인사를 건네는 것 역시 기본 매너이다.

• スター電子のイ様ですね。 いつもお世話になっております。
  스타전자의 이 님이시군요. 항상 신세를 지고 있습니다.

• 田村様でいらっしゃいますね。 先日はジョンがお世話になりました。
  다무라 님이시죠? 얼마 전에는 (부하인)정 씨가 신세를 졌습니다.

3 お待たせして申し訳ございません
오래 기다리게 해서 죄송합니다

전화를 바꿔 주기로 하고 상대를 기다리게 했는데 결국 전화를 바꿔줄 수 없는 상황이 되었거

나 조금 더 기다리게 만드는 경우 사용하게 되는 표현이다. 또한 전화를 바꿔 받았을 때는 「お

電話代わりました[전화 바꿨습니다]」라고 말하는 것이 일반적이다.

・お待たせいたしました。担当の山田です。
오래 기다리셨습니다. 담당자인 야마다입니다.

・はい、お電話代わりました。チェです。
네, 전화 바꿨습니다. 최입니다.

4 ただいまジョンが別の電話に出ておりますため、10分後にかけ
直させていただいてもよろしいでしょうか。
지금 정 씨는 다른 전화를 받고 있어서 10분 후에 다시 걸어도 될까요?

다른 전화를 받고 있다는 것을 「別の電話に出ております・他の電話に出ております」

와 같이 말하는데, 당장 바꿔줄 수 없는 경우 이쪽에서 다시 걸겠다고 하거나 조금 더 기다려달

라고 부탁할 수도 있다.

・恐れ入りますが、このままお待ちいただけますでしょうか。
죄송합니다만 이대로 기다려주시겠습니까?

・申し訳ありませんが、ただいま他の電話に出ておりますので、
もう少しお待ちください。
죄송합니다만 지금 다른 전화를 받고 있어서 조금 더 기다려주세요.

1 | お電話ありがとうございます。バラ製薬でございます。

전화 주셔서 감사합니다. 장미제약입니다.

| おはようございます。KR産業でございます。

안녕하세요. KR산업입니다.

2 | JP商事の鈴木部長でいらっしゃいますね。いつもありがとう
ございます。

JP상사의 스즈키 부장님이시죠? 항상 감사합니다.

| ハツラツ工業のパク様ですね。いつもお世話になっております。

하츠라츠공업의 박 님이시군요. 항상 신세를 지고 있습니다.

3 | はい、お電話代わりました。山田です。

네, 전화 바꿨습니다. 야마다입니다.

| お待たせしました。担当の古川でございます。

오래 기다리셨습니다. 담당자인 후루카와입니다.

4 | お調べするのに時間がかかりますので、こちらからかけ直さ
せていただいてもよろしいでしょうか。

알아보는 데 시간이 걸릴 것 같아서 저희 쪽에서 다시 걸어도 될까요?

| 申し訳ございませんが、このままお待ちいただいてもよろし
いでしょうか。

죄송합니다만 이대로 기다려 주시겠습니까?

19

받은 경우 - 부재중 1

🎧 03_19_d.mp3

본문　　　　　　　　　　　　　　　　　　　● ● ●

アン・サンウ	いつも大変お世話になっております。
高橋たける	こちらこそお世話になっております。恐れ入りますが、製造課のジュ課長はいらっしゃいますか。
アン・サンウ	申し訳ありません。❶ジュはただいま外出中でございまして、本日の５時頃戻る予定なんですが。
高橋たける	それでは、お戻り次第お電話お願いしてもよろしいですか。
アン・サンウ	はい。承知しました。❷お電話番号を教えていただいてもよろしいでしょうか。
高橋たける	はい、では申し上げます。０２-xxでございます。
アン・サンウ	はい。❸復唱いたします。０２-xxでよろしいですか。
高橋たける	はい。お間違えございません。
アン・サンウ	では❸ジュが帰社次第お電話いたします。

★ ★ **해석 235P**

1 ジュはただいま外出中(がいしゅつちゅう)でございまして、本日(ほんじつ)の５時頃戻る(じごろもど)予定(よてい)なんですが。
주 과장님은 지금 외출 중이라서 오늘 5시쯤 돌아올 예정입니다만.

부재중인 사실을 전할 때는 다시 복귀하는 시간대도 함께 알려주는 편이 좋다. 그래야 상대도 그다음 본인이 해야 할 일을 정할 수 있기 때문에「いかがなさいますか[어떻게 하시겠습니까?]」「お急(いそ)ぎでしょうか[급하신가요?]」와 같은 말을 덧붙이며 상대의 상황을 배려하고 일방적으로 전화를 끊지 않도록 한다.

- 午後(ごご)３時(じ)には戻(もど)る予定(よてい)となっておりますが、いかがなさいますか。
  오후 3시에는 돌아올 예정입니다만 어떻게 하시겠습니까?

- ただいま会議中(かいぎちゅう)でございまして、１１時(じ)には終(お)わる予定(よてい)ですが、お急(いそ)ぎのご用件(ようけん)でしょうか。
  지금 회의 중이라 11시에는 끝날 예정입니다만 급한 용건이신가요?

2 お電話番号(でんわばんごう)を教(おし)えていただいてもよろしいでしょうか。
전화번호를 여쭤봐도 될까요?

이쪽에서 다시 전화를 걸도록 부탁받았거나 내가 그렇게 하겠다며 제안한 경우 번호를 물어보는 것을 잊지 말자. 이때는「念(ねん)のため[혹시 몰라서]」「恐(おそ)れ入(い)りますが[죄송합니다만]」와 같은 쿠션어를 쓰며 조심스럽게 묻는 편이 좋다.

- 念(ねん)のため、ご連絡先(れんらくさき)をお伺(うかが)いしてもよろしいでしょうか。
  혹시 몰라서 연락처를 여쭤봐도 될까요?

- 恐(おそ)れ入(い)りますが、お電話番号(でんわばんごう)をお伺(うかが)いできますでしょうか。
  죄송합니다만 전화번호를 여쭤봐도 될까요?

3 **復唱<ruby>ふくしょう</ruby>いたします。02-xx でよろしいですか。**
복창하겠습니다. 02-xx 가 맞으신가요?

전화번호를 상대가 불러 줬을 때 「復唱<ruby>ふくしょう</ruby>いたします」라는 말을 쓰며 번호가 맞는지 확인하고

상대를 안심시키는 것이 일반적이다. 만약 전할 말을 메모했다면 말미에 「申し伝えます[전하

겠습니다]」라는 말을 하도록 한다.

- **確認<ruby>かくにん</ruby>のために復唱<ruby>ふくしょう</ruby>させていただいてもよろしいでしょうか。**
  확인차 복창해도 되겠습니까?

- **かしこまりました。それではハンに申し伝<ruby>もう つた</ruby>えます。**
  알겠습니다. 그럼 한 씨에게 전하겠습니다.

4 **ジュが帰社次第<ruby>きしゃしだい</ruby>お電話<ruby>でんわ</ruby>いたします。**
주 과장님이 회사에 오시는 대로 전화 드리겠습니다.

부재중인 사람이 회사에 돌아오면 바로 전화를 하도록 전하겠다는 표현이다. 이때 전화를 받

은 사람이 누군지 밝히는 것도 상대가 안심하고 전화를 끊을 수 있는 포인트이기 때문에 「〜が

承<ruby>うけたまわ</ruby>りました[〜가 전화를 받았습니다]」라고 한마디 덧붙이는 것도 좋다.

- **本日<ruby>ほんじつ</ruby>は私<ruby>わたくし</ruby>キム・ジョンアが 承<ruby>うけたまわ</ruby>りました。**
  오늘은 저 김정아가 전화를 받았습니다.

- **では、木村<ruby>きむら</ruby>が戻<ruby>もど</ruby>りましたら申し伝<ruby>もう つた</ruby>えます。**
  그럼 기무라 씨가 돌아오는 대로 전달 드리겠습니다.

1

カンはただいま接客中でございまして、しばらくお待ちいただけますか。

강 씨는 지금 접객 중이라서 잠시만 기다려 주시겠어요?

担当の者はただいま他の電話に出ておりますので、電話が終わりましたら折り返し連絡いたします。

담당자는 지금 다른 전화를 받고 있어서 전화가 끝나면 다시 연락 드리겠습니다.

2

念のため、お客様のお電話番号をお伺いしてもよろしいでしょうか。

혹시 몰라서 고객님 전화번호를 여쭤봐도 될까요?

恐れ入りますが、玉城様のご連絡先をお伺いしてもよろしいでしょうか。

죄송합니다만 다마키 님의 연락처를 여쭤봐도 될까요?

3

復唱させていただいてもよろしいでしょうか。

복창해도 되겠습니까?

繰り返し申し上げます。

그럼, 복창하겠습니다.

4

安藤が帰社次第確認するよう申し伝えます。

안도 씨가 회사에 오는 대로 확인하도록 전하겠습니다.

チャが戻り次第ご連絡いたします。

차 씨가 돌아오는 대로 연락 드리겠습니다.

20

받은 경우 – 부재중 2

본문

キム・ジュリ	お待たせいたしました。KR商事人事部でございます。
小泉武彦	株式会社JP、営業部の小泉と申します。
キム・ジュリ	小泉様、いつも大変お世話になっております。
小泉武彦	あの、企画部のパクさんはいらっしゃいますか。
キム・ジュリ	あいにくパクは席を外しておりまして、❶戻り次第お電話差し上げるように申し伝えましょうか。
小泉武彦	それじゃ、携帯の番号を教えていただけますか。
キム・ジュリ	❷お手間をかけては申し訳ありませんので、すぐにこちらから連絡を取り、❸パクから小泉様へ折り返しお電話するように申し伝えます。
小泉武彦	よろしければラインとか教えていただけませんか。
キム・ジュリ	誠に申し訳ございません。❹弊社の規定により個人情報をお教えすることができません。

▶▶ 해석 235P

본문
해설

 1 戻り次第お電話差し上げるように申し伝えしましょうか。
돌아오시는 대로 전화 드리도록 전해드릴까요?

찾는 사람이 부재중인 경우 전화를 걸어온 상대방에게 어떻게 하면 좋을지 구체적으로
묻는 것이 좋다. 전할 말이 있다면 대신 전하겠다며 제안하는 것도 하나의 방법이다.
또한 이때도 상대의 말을 본인 회사 사람에게 전하는 것이기 때문에 「お伝えします」
라고 잘못 사용하지 않도록 주의한다.

- お急ぎでしたら、パクの携帯から電話するよう申し伝えま
  すが、いかがいたしましょうか。
  급하시면 휴대폰으로 전화 드리도록 전해드리겠습니다만 어떻게 할까요?

- 伝言がございましたら、私から申し伝えましょうか。
  전언이 있으시면 제가 전해 드릴까요?

2 お手間をかけては申し訳ありませんので
번거롭게 해드리기 죄송하니

手間란 어떤 일을 하기 위해 들이는 시간이나 노력을 뜻하는 말로, 이 표현은 상대방
이 나 때문에 불필요한 시간을 쓰게 되거나 내가 수고스러운 상황을 만들게 되었을 때
사용할 수 있다. 여기서는 전화번호를 알려달라는 요구에 대해 상대방을 배려하는 마
음을 담아 완곡하게 거절하는 표현이 되기도 한다.

- お手間を取らせてしまい、申し訳ありません。
  번거롭게 해드려서 죄송합니다.

- お手間を取らせてしまいますが、ご協力をお願いします。
  수고스러우시겠지만 협력해주시기를 부탁드립니다.

112

パクから小泉様へ折り返しお電話するように申し伝えます。
박 씨가 코이즈미 님께 다시 전화 드리도록 전하겠습니다.

개인 번호를 알려줄 수 있는 경우라면 문제가 되지 않지만 그렇지 않거나 전화를 받기 곤란한 상황이라면 앞에서 설명한 折り返し[다시]라는 말을 쓰며 이쪽에서 다시 전화를 하겠다는 의사를 전해야 한다. 또한 당장 결정하기 어려운 사안이나 담당자가 없어서 답변하기 어려운 질문을 받았을 때 역시 사정을 설명하고 다시 연락을 하겠다며 전화를 끊는 편이 좋다.

- **折り返しご連絡差し上げるようにいたします。**
  다시 연락 드리도록 하겠습니다.

- **社長のホンにすぐにメールをするように申し伝えます。**
  홍 사장님께 바로 메일 보내시라고 전하겠습니다.

弊社の規定により個人情報をお教えすることができません。
저희 회사 규정에 따라 개인정보를 알려드릴 수 없습니다.

최근에는 업무용 휴대폰이 따로 있는 경우도 있고 원활한 소통을 위해 개인 번호를 공유하기도 하지만 업무 특성상 혹은 사내 규정에 따라 개인정보를 허락 없이 알려줄 수 없는 경우도 많다. 만약 끈질기게 개인정보를 묻거나 여러 차례 전화를 걸어오는 사람이 있다면 전화 연결 상태가 좋지 않다며 끊는 것도 하나의 방법이다.

- **お電話が遠いようですので、一旦切らせていただきます。**
  전화 감이 먼 것 같아서 일단 끊겠습니다.

- **大変申し訳ございませんが、お声が届かない状況ですので切らせていただきます。**
  정말 죄송합니다만 목소리가 잘 안 들리는 상황이라 끊겠습니다.

1

社長の福田から折り返すように申し伝えましょうか。

후쿠다 사장님께서 다시 전화하도록 전해드릴까요?

よろしければお電話するように申し伝えましょうか。

괜찮으시면 전화하도록 전해드릴까요?

2

お手間をかけて恐縮です。

번거롭게 해서 송구합니다.

お手間をかけてしまい、誠に申し訳ありません。

수고스럽게 해서 정말 죄송합니다.

3

担当者より折り返しご連絡差し上げます。

담당자로부터 다시 연락드릴 겁니다.

内容を確認次第折り返しお電話いたします。

내용을 확인하는 대로 다시 전화 드리겠습니다.

4

申し訳ありませんが、個人情報なのでお答えできません。

죄송합니다만 개인정보라서 답변 드릴 수 없습니다.

携帯電話などの個人情報はお伝えすることができません。

휴대전화 등의 개인정보는 전해드릴 수 없습니다.

4

이메일 보내기

원어민 MP3

본문

件名：新年のご挨拶

東西株式会社
風早様

❶新春のお喜びを申し上げます。

株式会社南北の小泉です。

❷旧年中は大変お世話になり、誠にありがとうございました。

❸本年も御社のご発展に寄与できますよう、社員一同と共に業務に精励いた

す所存でございます。

本年もどうぞよろしくお願い申し上げます。

❹皆様のご健康とご多幸を心からお祈り申し上げます。

▶▶ 해석 236P

新春のお喜びを申し上げます。
봄을 맞이하여 인사를 드립니다.

새해 인사말로 자주 쓰이는 이 문구는 '따뜻한 봄을 맞이하게 된 것을 기뻐하며 한 해를 잘 시작하자'는 의미가 담겨있다. 여기서 「お喜び申し上げます」란 상대를 축복한다는 뜻을 가진 표현으로, 계절 인사를 할 때뿐만 아니라 상대에게 좋은 일이 있을 때 그것을 함께 기뻐한다는 뜻으로도 사용할 수 있다.

- **あけましておめでとうございます。**
  새해 복 많이 받으세요.

- **謹んで年頭のご挨拶を申し上げます。**
  삼가 새해 인사를 드립니다.

 旧年中は大変お世話になり、誠にありがとうございました。
작년에는 대단히 신세를 지게 되어 정말 감사합니다.

이 역시 새해 인사에 빠지지 않는 문구로, 지난해 신세를 진 것에 대한 감사 표현이다.
旧年이란 去年, 昨年와 같이 작년을 나타내는 말이기는 하지만, 여기서처럼 새해 인사를 할 때 쓰이는 일종의 계절어(季語)라고 생각하면 된다.

- **旧年中は、格別のご愛顧を賜り、厚く御礼申し上げます。**
  작년에는 각별히 격려해 주셔서 정말 감사드립니다.

- **昨年中は、色々とお世話になり、心より御礼申し上げます。**
  작년에는 여러모로 신세를 지게 되어 진심으로 감사드립니다.

3
本年も御社のご発展に寄与できますよう、社員一同と共に業務
に精励いたす所存でございます。
올해도 귀사의 발전에 기여할 수 있도록 직원들이 함께 업무에 힘쓰고자 합니다.

올해도 잘 부탁한다는 인사를 전할 때는 発展[발전], 精励[힘써 노력함], 精進[정진] 등과 같
은 말을 자주 쓰며, 여기서 所存です라는 말은 본인의 생각이나 의향을 정중하고 겸손하게 표
현할 때 쓰이는 겸양어이다.

· 本年も御社のご期待にお応えすべく精進してまいります。
　올해도 귀사의 기대에 부응하고자 정진하겠습니다.

· 本年もよろしくお付き合いいただけますようお願い申し上げます。
　올해도 잘 좀 부탁드리겠습니다.

4
皆様のご健康とご多幸を心からお祈り申し上げます。
여러분의 건강과 행복을 진심으로 기원합니다.

앞으로도 잘 부탁한다거나 건강을 기원하는 인사말로 맺는 것이 일반적이다. 평소 개인적으로
알고 지내는 사람이라면 가족들에 대한 인사도 함께 해주면 좋다. 또한 여기서 쓰인 「お祈り申
し上げます」란 상대의 건강이나 행복, 성공이나 발전 등을 기원할 때 쓰이는 관용 표현이다.

· ご家族の皆様の益々のご多幸をお祈り申し上げます。
　가족 여러분이 더 행복하시기를 기원합니다.

· 今年も引き続き、変わらぬご指導いただければ幸いです。
　올해도 계속해서 변함없이 지도해 주시면 감사하겠습니다.

🎧 04_21_p.mp3

1

よき新春をお迎えのこととお喜び申し上げます。

좋은 신춘을 맞이하시기를 기쁜 마음으로 바랍니다.

年頭にあたり、皆様のご健康とご多幸をお喜び申し上げます。

새해를 맞이하여 모두들 건강하시고 행복 가득한 나날이 되시기를 진심으로 바랍니다.

2

旧年中は、ひとかたならぬお力添えをいただき、誠にありがとうございました。

작년에는 아낌없는 도움을 주셔서 정말 감사합니다.

旧年中は、格別のご厚情を賜り、誠にありがとうございました。

작년에는 각별하게 배려해 주셔서 정말 감사합니다.

3

本年も社員一同、皆様にご満足いただけるサービスを心がける所存でございます。

올해도 직원 모두가 여러분이 만족하실 수 있는 서비스를 만들어 가겠습니다.

本年はより一層精進する所存でございます。

올해는 보다 더 정진하고자 합니다.

4

皆様のご健勝と、貴社の益々のご発展をお祈り申し上げます。

여러분의 건승과 귀사의 발전을 기원합니다.

実り多き一年になりますようお祈り申し上げます。

열매 맺는 한 해가 되기를 기원합니다.

인사하기 - 연말 인사

件名：年末のご挨拶

江戸川商事 黒沼様

いつも大変お世話になっております。

弁慶商事の吉岡です。

今年も残すところわずかとなりましたが、

貴社益々ご清栄のこととお喜び申し上げます。

❶本年は黒沼様のお力添えのおかげでつつがなく業務を進めることができ、

心より感謝しております。

❷来年はより一層お役に立てるよう励む所存ですので、引き続きご指導のほど

よろしくお願いいたします。

❸なお、年内は12月27日（月）まで、年始は1月5日（水）より出社してお

ります。

❹どうぞ、良いお年をお迎えください。

新年も何卒よろしくお願い申し上げます。

해석 236P

121

① 本年は黒沼様のお力添えのおかげでつつがなく業務を進めることができ、心より感謝しております。

올해는 쿠로누마 님께서 도와주신 덕에 무사히 업무를 진행할 수 있어서 진심으로 감사드립니다.

그동안 감사했던 마음을 전할 때는 「お世話になり[신세를 져서]」라는 말 외에도 「お心遣いいただき[배려해 주셔서]」, 「つつがなく[무사히]」와 같은 말을 사용한다.

여기서 「つつがなく」란 병이나 재난 같은 큰일 없이 '무탈하게'라는 뜻이다.

- 本年は、様々なお心遣いをいただき、誠にありがとうございました。

  올해는 여러모로 배려해 주셔서 정말 감사드립니다.

- 田中部長には今年もご迷惑をおかけして、公私ともに大変お世話になりました。

  다나카 부장님께는 올해도 민폐를 끼쳐서 공사 모두 매우 신세를 졌습니다.

② 引き続きご指導のほどよろしくお願いいたします。

계속해서 지도해 주십사 부탁드립니다.

감사 인사를 전했다면 그다음에는 ご指導[지도], ご支援[지원], ご鞭撻[편달]와 같은 말을 쓰며 앞으로도 잘 부탁한다는 말을 덧붙인다. 좀 더 캐주얼하게 인사를 나눌 수 있는 관계라면, 「今後ともよろしくお願いします」라는 말로 대신하기도 한다.

- 本年同様に、ご指導ご鞭撻のほど何卒よろしくお願いいたします。

  올해와 마찬가지로 지도와 편달 잘 부탁드립니다.

- 今後とも引き続き、ご支援のほどよろしくお願い申し上げます。

  앞으로도 계속해서 지원해 주십사 부탁드립니다.

年内は12月27日（月）まで、年始は1月5日（水）より出社しております。

올 연말은 12월 27일(월)까지 연초는 1월 5일(수)부터 출근합니다.

일본 회사는 보통 연말 연초에 1주일 이상 쉬는 경우가 많기 때문에 업무에 차질이 생기지 않도록 고객이나 거래처에 영업일이나 근무일을 알려주는 것이 일반적이다.

- 年末年始業務終了及び開始日は下記の通りです。
  연말 연초 업무 종료 및 개시일은 아래와 같습니다.

- 年内受付終了：12月24日（金）　年始受付開始：1月3日（月）
  연내 접수 종료: 12월 24일 (금)　　　연초 접수 개시: 1월 3일 (월)

どうぞ、良いお年をお迎えください。

새해 복 많이 받으세요.

「明けましておめでとうございます」는 해가 바뀌었을 때 쓰게 되는 인사말이기 때문에 연말에 주고받는 메일에는 남은 한 해를 잘 마무리하라는 의미에서 年の瀬[연말]라는 말을 쓰거나 「良いお年を」라는 말로 간단히 끝맺는 경우가 있는데, 이것은 「お迎えください[맞이하세요]」가 생략된 형태이다.

- 良いお年をお迎えくださいますことをお祈り申し上げます。
  새해를 잘 맞이하기를 기원합니다.

- 今年も残りわずかですが、良い年の瀬をお過ごしください。
  올해도 얼마 남지 않았습니다만, 연말 잘 보내세요.

🎧 04_22_p.mp3

1

木村様には一年間大変お世話になり、心より感謝しております。

기무라 님께는 일년 동안 대단히 신세를 지게 되어 진심으로 감사드립니다.

本年も格別のご厚情を賜り、心より感謝しております。

올해도 각별히 배려해 주셔서 진심으로 감사드립니다.

2

本年も変わらぬご指導のほどよろしくお願いいたします。

올해도 변함없이 지도해 주십사 부탁드립니다.

今後とも変わらぬお引き立てを賜りますようお願い申し上げます。

앞으로도 변함없이 격려해 주십사 부탁드립니다.

3

年末の営業は12月30日(木)まで、来年1月7日(土)から開店します。

연말 영업은 12월 30일(목)까지, 내년 1월 7일(토)부터 개점합니다.

年内は、12月31日（金）までとなり、年始は、1月6日（木）から通常診療となります。

연내는 12월 31일(금)까지이며 연초는 1월 6일(목)부터 통상 진료입니다.

4

良い年の瀬をお過ごしください。

연말 잘 보내세요.

寒い日が続きますが、良い年をお迎えください。

추운 날이 계속되고 있습니다만, 새해 복 많이 받으세요.

23

인사하기 - 답례 인사

件名：本日のご契約のお礼

マルバツ商事

企画部　松田守様

平素より大変お世話になっております。

❶本日、弊社商品の「あつ海シリーズ」をご提案させていただきました

株式会社営業部のパクと申します。

ご多忙の中、貴重なお時間をいただき、誠にありがとうございました。

❷貴社と今後お取り引きさせていただけることを大変喜ばしく存じており

ます。

❸弊社の商品に関しまして、ご不明点や疑問点などございましたら、お気軽

にご相談くださいませ。

貴社のご要望に添えるよう、一層の努力を重ねて参りますので、末長くご

愛顧賜りますよう、よろしくお願い申し上げます。

❹まずはお礼かたがたご挨拶を申し上げます。

⭐⭐▶ 해석 237P

> 1 本日、弊社商品の「あつ海シリーズ」をご提案させていた
> だきました株式会社営業部のパクと申します。
> 오늘 저희 회사 상품인 아츠카이 시리즈를 제안해 드렸던 영업부의 박이라고
> 합니다.

거래를 맺게 된 당일에 메일을 보내는 것이 일반적이고 이때 본인의 소속과 이름은 정

확히 밝힌다. 또한 시간을 할애해 준 것에 대한 감사 인사를 덧붙이면 좋다.

- 本日、ABサービスのご提案をさせていただきました、ABC
  の北沢です。

  오늘 AB서비스를 제안해 드렸던 ABC의 기타자와입니다.

- 本日は突然の訪問にも関わらず長時間ご対応いただき、
  誠にありがとうございました。

  오늘은 갑작스러운 방문에도 불구하고 오랫동안 대응해 주셔서 정말 감사
  합니다.

> 2 貴社と今後お取り引きさせていただけることを大変喜ば
> しく存じております。
> 귀사와 앞으로 거래를 할 수 있게 되어 매우 기쁠 따름입니다.

계약을 하게 되었거나 거래를 맺게 되었을 때 건네는 인사말로, 「お取り引きいただ

きまして[거래해 주셔서]」와 같은 말을 넣어 표현하기도 한다.

- おかげさまで貴社とのお取引ができることになり、弊社社長
  のハンをはじめ、社員一同喜んでおります。

  덕분에 귀사와 거래를 할 수 있게 되어 저희 회사 한 사장님을 비롯해 직원 모
  두 기뻐하고 있습니다.

- この度はお取り引きいただきまして、ありがとうございます。

  이번에 거래해 주셔서 감사합니다.

3 ご不明点や疑問点などございましたら、お気軽にご相談くださいませ。

궁금한 점이나 의문점 등이 있으면 편하게 상담해 주십시오.

상품에 대해 이해가 안 가는 부분이 있다면 편하게 연락해달라는 표현이다. 이때 궁금한 점을 ご不明点이라고 말하며, 상대의 심리적 부담을 덜어주기 위해 お気軽に[편하게], ご遠慮なく[사양 말고]와 같은 말을 함께 쓰기도 한다.

- 使い方などご不明点がございましたら、何なりとお申し付けくださいませ。

  사용법 등 궁금한 점이 있으시면 무엇이든 말씀해 주세요.

- 追加のご質問・ご不明点などございましたら、ご教示いただけますと幸いです。

  추가적으로 질문이 있거나 궁금한 점이 있으시면 알려주시면 감사하겠습니다.

4 まずはお礼かたがたご挨拶を申し上げます。

우선 감사 말씀을 겸해 인사드리게 되었습니다.

여기서 かたがた란 〜兼ねて[~을 겸해]의 의미로, 편지나 이메일과 같은 문어체에서 쓰이는 표현이다.

- ご挨拶かたがたご連絡申し上げます。

  인사 말씀을 겸해 연락 드립니다.

- まずはメールにてお礼申し上げます。

  우선은 메일로 감사 인사드립니다.

127

🎧 04_23_p.mp3

1

本日、弊社のLALA水の件でご面談のお時間をいただきました、LALAの加藤でございます。

오늘 저희 회사 LALA수 건으로 면담차 뵙게 되었던 LALA의 가토입니다.

先ほど訪問させていただいた、ABCのキムと申します。

방금 전 방문한 ABC의 김이라고 합니다.

2

この度は、弊社の機械を採用してくださり、誠にありがとうございます。

이번에 저희 회사의 기계를 채택해 주셔서 정말 감사드립니다.

この度は、賃貸物件のご契約をいただきまして、誠にありがとうございます。

이번에 임대 건물 계약을 해주셔서 정말 감사드립니다.

3

サービスについてご不明点がございましたら、お気軽にサポートセンターまでお問い合わせください。

서비스에 대해 궁금한 점이 있으시면 편하게 서포트센터까지 문의 주세요.

ご不明な点やご質問などは、いつでも承りますので、どうぞお気軽にご相談ください。

궁금한 점이나 질문 등은 언제든 받사오니 부디 편하게 상담해 주세요.

4

お詫びかたがたお礼申し上げます。

사죄 말씀드리고자 인사드립니다.

ご通知かたがたご挨拶申し上げます。

통지 겸해 인사 말씀드립니다.

24

인사하기 – 사과 인사

件名：発送遅延のお詫び

株式会社春夏秋冬　吉川様

平素より大変お世話になっております。

夏目物産のミン・ジュヒョンでございます。

❶ご注文いただきました書籍の発送につきまして、発送に遅延が生じ、多大なご迷惑をおかけしてしまいましたこと、心よりお詫び申し上げます。

❷今回、生産地である釜山で大雨による交通障害が原因となり、商品発送に影響が出ております。先ほど弊社の物流センターに確認いたしましたところ、明日には発送の準備が整う予定となっております。

確実な配送スケジュールが決まり次第、改めてお知らせいたします。

❸お急ぎのところ誠に申し訳ございませんが、到着までお時間を頂きますようご理解の程よろしくお願い申し上げます。

メールにて恐縮ですが、お詫びかたがたご連絡申し上げます。

❹今後はこのようなことがないよう、十分注意してまいります。

不手際をご容赦くださいませ。

大変失礼いたしました。

해석 237P

1 ご注文いただきました書籍の発送につきまして / 心よりお詫び申し上げます。

주문해 주신 서적의 발송과 관련해 / 진심으로 사과드립니다.

제품 발송에 문제가 생겼을 때 「発送につきまして[발송과 관련해]」와 같은 표현을 사용하며 마음을 담아 사과할 때는 「申し訳ございません[죄송합니다]」, 「お詫び申し上げます[사과드립니다]」라고 한다.

- この度はこちらの不手際で内村様にご迷惑をおかけしたこと、心より深くお詫び申し上げます。

  이번에 저희의 실수로 우치무라 님께 민폐를 끼치게 되어 진심으로 깊이 사과드립니다.

- ご注文いただいた商品につきましては、大変恐縮ですが、発送までお時間をいただきます。

  주문해주신 상품은 대단히 죄송합니다만 발송까지 시간이 걸립니다.

2 大雨による交通障害が原因となり、商品発送に影響が出ております。

폭우에 따른 교통마비가 원인이 되어 상품 발송에 영향을 끼치게 되었습니다.

자연재해나 교통사고에 의한 문제는 얼마든지 일어날 수 있기 때문에 「〜が原因となり商品発送に影響が出ております[~가 원인이 되어 상품 발송에 영향을 끼치게 되었습니다]」와 같은 문구는 외워서 사용하도록 한다.

- 航空便の乱れが原因となり商品発送に影響が出ております。

  항공편의 혼란이 원인이 되어 상품 발송에 영향을 끼치게 되었습니다.

- 台風による交通障害が原因となり流通に影響が出ております。

  태풍에 의한 교통 마비가 원인이 되어 유통에 영향을 끼치게 되었습니다.

3 到着までお時間を頂きますようご理解の程よろしくお願い申し上げます。
도착할 때까지 시간이 걸리는 점 이해해 주십사 부탁드립니다.

정확한 일정을 알 수 없는 상황이라면 추후에 공지하겠다고 밝힌 후 「ご理解の程よろしくお願いします」라며 이해해 달라는 표현을 덧붙인다.

・復旧までもうしばらくお時間を頂きますよう、よろしくお願いします。

　복구까지 잠시 시간이 필요할 것 같습니다만 잘 부탁드립니다.

・大変ご迷惑をおかけいたしますが何卒ご理解の程よろしくお願い申し上げます。

　대단히 민폐를 끼치게 되오나 아무쪼록 이해해 주십사 부탁드립니다.

4 今後はこのようなことがないよう、十分注意してまいります。
앞으로는 이러한 일이 없도록 충분히 주의하겠습니다.

앞으로 같은 실수가 반복되지 않도록 하겠다는 다짐으로 끝맺고, 발송이나 납품과 관련해 실수에 대한 원인을 특정할 수 없다고 하더라도 적극적으로 원인을 규명하겠다는 모습을 보이도록 한다.

・現在、原因の特定を急いでおり、今後このようなことがないように十分注意してまいります。

　현재, 원인을 특정하기 위해 서두르고 있어, 앞으로는 이러한 일이 없도록 충분히 주의하겠습니다.

・同じ失敗を起こさないように心がけます。

　같은 실수를 하지 않도록 신경 쓰겠습니다.

패턴
연습

1

この度は、発送の報告が遅れてしまい、申し訳ございません
でした。

이번에 발송 보고가 늦어져 죄송합니다.

不愉快な思いをさせてしまいましたこと、深くお詫び申し上
げます。

불편하게 해드린 점 깊이 사죄드립니다.

2

想定外の大雪による交通障害が原因となり、商品の到着が
大幅に遅れることとなってしまいました。

예상치 못한 폭설로 교통마비가 원인이 되어 상품 도착이 대폭 늦어지게 됐습니다.

新型ウイルスの影響で原材料が原因となり、商品生産に影響
が出ております。

신종 바이러스 영향으로 원재료가 원인이 되어 상품 생산에 영향을 끼치게 됐습니다.

3

お客様の健康と安全を考慮したものでございますのでご理解
の程よろしくお願い申し上げます。

고객님의 건강과 안전을 고려한 조치이므로 이해해 주십사 부탁드립니다.

直前の中止となり大変申し訳ありませんが、ご理解の程よろ
しくお願いいたします。

직전에 중지하게 되어 대단히 죄송합니다만 이해해 주십사 부탁드립니다.

4

二度とこのような失態を繰り返さないように、十分注意して
まいります。

두 번 다시 이런 실태를 반복하지 않도록 충분히 주의하겠습니다.

(~を)繰り返すことがないように、十分注意してまいります。

(~을) 반복하지 않도록 충분히 주의하겠습니다.

25

요청하기 – 견학 의뢰

件名：工場見学のお願い

株式会社ピース製造所 金田様

平素より大変お世話になっております。

マルバツ産業、総務部のイ・チョルと申します。

❶本日は、貴社横浜工場の見学をさせていただきたくご連絡いたしました。

❷新入社員の研修の一環として工場を見学し、製品の生産過程を実際に目にす

ることで、責任感とモチベーションが生まれることと存じます。

❸誠に勝手ながら、工場見学に関しまして、以下の通り計画をしております。

なお、日程のご都合が合わない場合は、貴社のご都合に合わせて予定を変更さ

せていただきます。

❹・希望日：６月３日～６月２５日のうちの２日

　・見学場所：貴社横浜工場

　・見学者：弊社新入社員１０名　※研修担当者含む

お忙しいところ大変申し訳ありませんが、何卒よろしくお願い申し上げます。

▶▶ 해석 238P

본문 해설

1 貴社横浜工場の見学をさせていただきたくご連絡いたしました。
きしゃよこはまこうじょう けんがく れんらく
귀사의 요코하마공장 견학을 부탁드리고자 연락 드렸습니다.

여기서 「～させていただきたく」란 「～してほしい[~하기를 바란다]」, 「～して もらいたい[~해줬으면 한다]」라는 의미를 갖는 정중하면서도 조심스러운 말로, 비 즈니스 메일에서 원하는 바를 밝힐 때 쓰는 적절한 문구이다. 정확하게는 「～させて いただきたく存じます」라는 형태이며 '~해주셨으면 합니다'라는 뜻을 갖는다.
ぞん

• 貴社工場を見学させていただきたくご協力いただければと
きしゃこうじょう けんがく きょうりょく
考えております。
かんが
귀사의 공장 견학을 희망하고 있사오니 협력해 주셨으면 합니다.

• 下記条件にて見積書をお送りいただきたく存じます。
か き じょうけん みつもりしょ おく ぞん
하기의 조건으로 견적서를 보내주셨으면 합니다.

2 新入社員の研修の一環として工場を見学し、
しんにゅうしゃいん けんしゅう いっかん こうじょう けんがく
신입사원 연수의 일환으로 공장을 견학하고

견학의 필요성을 강조할 때는 「研修の一環として[연수의 일환]」, 「より深く研究
けんしゅう いっかん ふか けんきゅう
したく[보다 더 깊이 연구하고자]」, 「ご活躍されている[활약하시는]」와 같은 말을
かつやく
사용할 수 있다.

• より深く貴社について研究したく存じますので、よろしけ
ふか きしゃ けんきゅう ぞん
れば見学などさせていただけないでしょうか。
けんがく
보다 더 깊게 귀사에 대해 연구하고자 하오니 괜찮으시면 견학을 시켜주시 지 않겠습니까?

• 充実した研修内容に大変魅力を感じ、病院見学をお願いし
じゅうじつ けんしゅうないよう たいへんみりょく かん びょういんけんがく ねが
たく、ご連絡いたしました。
れんらく
알찬 연수 내용에 매우 매력을 느껴 병원 견학을 부탁드리고자 연락 드렸습니다.

134

3 誠に勝手ながら、
정말 죄송하지만

방문할 계획을 가지고 있을 때 우선 상대방의 일정을 묻는 형식으로 메일을 보낼 수도 있지만 대략적인 일정을 공유하는 편이 상대방 결정에 도움을 줄 수도 있다. 또한 여기서 쓰인 「誠に 勝手ながら」라는 표현은 상대에게 부탁을 하거나 거절을 할 때 쓰는 쿠션어이다.

- 誠に勝手ではございますが、ご対応のほどよろしくお願い申し上 げます

  정말 죄송합니다만 대응해 주십사 부탁드립니다.

- 誠に勝手ながら、本日の営業は終了とさせていただきます。

  정말 죄송하지만 오늘 영업은 종료되었습니다.

4 ・希望日 ・見学場所 ・見学者
・희망일　　・견학장소　　・견학자

정확한 희망일과 참가자 등의 정보를 보기 쉽게 써서 첨부하는 편이 좋다.

- 申請者名：キム・ヨン

  見学希望日・時間：5月20日午後1時～4時、5月22日～24日終日

  人数：１３名

  신청자 이름 : 김영

  견학 희망일 시간 : 5월 20일 오후 1시~4시, 5월 22일~24일 종일

  인원수 : 13명

🎧 04_25_p.mp3

1 | 新規プロジェクトの件ですが、ご検討いただきたくお願い申し上げます。

신규 프로젝트 건입니다만 검토해 주십사 부탁드립니다.

| 差し支えなければ、お返事いただきたく存じます。

폐가 되지 않는다면 답변해 주셨으면 합니다.

2 | ご活躍されている貴社の主力製品であるアカサ製造工場を見学させていただきたく存じます。

활약하시는 귀사의 주력제품인 아카사 제조 공장을 견학하고 싶습니다.

| 営業社員研修の一環として貴社の工場を見学することで、製品が完成するまでの作業内容が把握でき、業務の理解が深まると考えております。

영업사원 연수의 일환으로 귀사의 공장을 견학함으로써 제품이 완성될 때까지의 작업 내용을 파악할 수 있어, 업무를 더 깊게 이해할 수 있을 것이라고 생각합니다.

3 | 誠に勝手ではございますが、日程は下記のうち、希望者の多いほうで行いたいと思います。

정말 죄송합니다만 일정은 하기 중 희망자가 많은 쪽으로 진행하고 싶습니다.

| 誠に勝手とは存じますが、下記の通り計画をしております。

정말 죄송합니다만 하기와 같이 계획하고 있습니다.

4 | 希望日程：9月6日（月）〜 9月10日（金）の期間のうち1日

희망일정: 9월 6일 (월)~ 9월 10일 (금) 의 기간 중 1일

| 見学人数：10名(内、引率者2名)

견학인원: 10명 (중 인솔자 2명)

26

요청하기 - 상품 문의

件名：「BB」についてのお問い合わせ

ジャパン株式会社
営業部　丸山ナナ様

突然のご連絡失礼いたします。
コリア株式会社　商品部のホンと申します。

❶この度、弊社におきまして、貴社の商品「BB」の購入を検討しております。

❷ご多忙の中大変恐縮ですが、詳細が分かる資料をお送りいただけますでしょうか。

❸誠に勝手ながら、8月2日の社内会議で利用を検討したく思いますので、それまでにお送りいただけましたら幸いです。

❹お手数をおかけしますが、何卒よろしくお願いいたします。

▶▶▶ 해석 238P

貴社の商品「BB」の購入を検討しております。
きしゃ しょうひん こうにゅう けんとう
귀사의 상품 BB에 대한 구매를 검토하고 있습니다.

상품을 구매하기 전 검토단계에서 「~を検討しております」라는 표현을 사용한다. 나눌
けんとう
이야기가 있다면 「~の件でご相談があり[~의 일로 상담하고자]」라고 말할 수 있다.
けん そうだん

- **本日は、貴社のWebシステムの件でご相談があり、連絡い**
  ほんじつ きしゃ けん そうだん れんらく

  たしました。

  오늘은 귀사의 Web 시스템에 관련하여 상담하고자 연락 드렸습니다.

- **商品開発の件でご相談があり、ご連絡させていただきま**
  しょうひんかいはつ けん そうだん れんらく

  した。

  상품개발에 관한 일로 상담하고자 연락 드렸습니다.

 詳細が分かる資料をお送りいただけますでしょうか。
しょうさい わ しりょう おく
디테일을 알 수 있는 자료를 보내주실 수 있을까요?

상품 구입에 앞서 카탈로그나 자료 등을 요청하는 경우 「確認したいことがござい
かくにん
ます[확인하고 싶은 부분이 있습니다]」, 「お聞かせいただけますか[알려주실 수
き
있을까요?]」와 같은 표현을 사용한다.

- **それに伴い、いくつかサービス内容に関して確認したいこ**
  ともな ないよう かん かくにん

  とがございます。

  그와 더불어 몇 가지 서비스 내용에 관해 확인하고 싶은 부분이 있습니다.

- **弊社にて「CC」の導入を検討しているのですが、詳しい**
  へいしゃ どうにゅう けんとう くわ
  製品情報をお聞かせいただけますでしょうか。
  せいひんじょうほう き

  저희 회사에서 「CC」의 도입을 검토하고 있습니다만, 상세한 제품 정보를
  알려주실 수 있을까요?

それまでにお送りいただけましたら幸いです。
그때까지 보내주시면 감사하겠습니다.

구체적인 요구사항이 있다면 함께 밝히기도 한다. 또한 상대에게 정중하게 요청하거나 부탁할

때는 ありがたい[고맙다]는 의미를 갖는 幸いです[감사하겠습니다]라는 표현을 쓴다.

- **特にコストや費用対効果についてご教示いただけると幸いです。**
  특히 비용이나 비용대비 효과에 대해 알려주시면 감사하겠습니다.

- **勝手を申し上げて恐縮ですが、可能でしたら4月9日までにお**
  見積をお送りいただければ幸いです。
  죄송합니다만 가능하시다면 4월 9일까지 견적서를 보내주시면 감사하겠습니다.

 お手数をおかけしますが、何卒よろしくお願いいたします。
번거로우시겠지만 아무쪼록 잘 부탁드립니다.

여기서「お手数をおかけしますが」란 귀찮은 일을 부탁한다거나 수고스럽게 만든다며 상대

를 배려하는 마음에서 쓰이는 쿠션어이다.「ご面倒をおかけしますが」「お手間を取らせ

てしまい」와 같은 말로 바꿔 쓸 수도 있다.

- **お忙しい中、恐れ入りますが、何卒よろしくお願いいたします。**
  바쁘신 중에 죄송합니다만 아무쪼록 잘 부탁드립니다.

- **ご面倒をおかけしますが、ご教示いただければ幸いです。**
  번거롭게 해드려 죄송합니다만 알려주신다면 감사하겠습니다.

1 ▎ この度、弊社で貴社のサービス「ⅰテク」の導入を検討して

おります。

이번에 저희 회사에서 귀사의 서비스 「 i 테크」의 도입을 검토하고 있습니다.

▎ コンサルティング業務の件でご相談があり、連絡いたしました。

컨설팅 업무에 관한 일로 상담하고자 연락 드렸습니다.

2 ▎ ご面倒をおかけいたしますが、パンフレットをお送りいただ

けますでしょうか。

번거롭게 해드리게 됩니다만 팜플렛을 보내주실 수 있을까요?

▎ 大変恐縮ですが、NP事業の詳細をお聞かせいただけますで

しょうか。

대단히 죄송합니다만 NP사업의 디테일을 들려주실 수 있을까요?

3 ▎ ご検討いただけましたら幸いです。

검토해 주시면 감사하겠습니다.

▎ ご回答いただけましたら幸いです。

답변해 주시면 감사하겠습니다.

4 ▎ お手数をおかけしますが、ご連絡お待ちしております。

번거로우시겠지만 연락 기다리고 있겠습니다.

▎ お手数をおかけしますが、ご確認いただけますでしょうか。

번거로우시겠지만 확인해주실 수 있을까요?

27

공지하기 – 회식 일정 공지

件名：❶会食の日程

株式会社武蔵銀行　総務部　鈴木様

いつもお世話になっております。
江戸川商事の吉村でございます。
❷掲題の件、会食の日程が下記の通り決まりましたのでご連絡いたします。
ご多忙のところ誠に恐縮ですが、ご確認の上、❸ご返信くださいますようお
願い申し上げます。

記

日時：９月２０日（木）１８：００
場所：カスミソウレストラン

　　　ソウル市

　　　連絡先：０２−
＊苦手な食材やアレルギーなどありましたら私までお知らせください。

❹ぜひご参加賜りますよう何卒よろしくお願い申し上げます。

해석 239P

掲題の件
제목과 관련해서

여기서의 掲題[게제]는 메일 제목을 가리킨다. 본문에서 제목에 대한 내용을 언급하되, 제목과 같은 말을 쓸 필요 없이 의사를 전달할 수 있기 때문에 비즈니스 메일에서는 자주 등장하는 표현이다. 掲題대신 表題를 쓰기도 하며「掲題につきましては」「表題につきましては」라는 표현을 사용할 수도 있다.

· 表題の件、承知いたしました。

　제목 건은 잘 알겠습니다.

· 掲題の件につきまして、お伺いしたいことがありご連絡いたしました。

　제목에 대한 내용입니다만, 여쭤보고 싶은 게 있어 연락 드렸습니다.

 会食の日程が下記の通り決まりましたのでご連絡いたします。
회식 일정이 하기와 같이 결정되어 연락드립니다.

결정된 일정을 공유할 때 자주 쓰이는 형태로,「下記の通り[하기와 같이]」대신「以下の通り[이하와 같이]」라고 쓰기도 하며, 以下라고 할 때는 記[기]라는 글자를 쓰지 않아도 된다.

· 組織変更が以下の通り決定しましたのでご連絡申し上げます。

　조직 변경이 이하와 같이 결정되어 연락드립니다.

· 5月の会社説明会のスケジュールが下記の通り決まりましたのでお知らせいたします。

　5월의 회사 설명회 스케줄이 하기와 같이 결정되어 공지합니다.

3

ご確認の上、ご返信くださいますようお願い申し上げます。

확인하고 회신 주십사 부탁드립니다.

손윗사람에게 답장을 요청하는 경우, 동료나 부하에게 보낼 때처럼「ご返信ください」에서 끝내지 않고「ご返信くださいますよう」와 같이 다소 부드러운 표현을 사용한다.

・恐れ入りますがご出欠につき、今週中にご返信いただけますと幸いです。

　죄송하지만 출결에 대해 주중에 답변 주시면 감사하겠습니다.

・忘年会の出欠確認について、ご返信くださいますようよろしくお願いいたします。

　송년회 출결 사항을 확인하시고 답변 주십사 부탁드립니다.

4

ぜひご参加賜りますよう何卒宜しくお願い申し上げます。

꼭 참석해 주십사 잘 부탁드립니다.

참석해 달라며 부탁할 때는「ご参加くださいますよう[참석해 주십사]」「ご参加いただければ[참석해 주시면]」와 같이 표현 외에도 경의가 꽤 높은 もらう의 겸양어 賜ります를 사용하여 표현하기도 한다.

・ご出席賜りますようお願い申し上げます。

　출석해 주십사 부탁드립니다.

・ご迷惑お掛けしますが、何卒ご理解賜りますよう、お願い申し上げます。

　민폐를 끼치게 되지만 아무쪼록 이해해 주시기를 부탁드립니다.

143

1 掲題の件、ご迷惑をおかけし申し訳ありません。

제목 건, 민폐를 끼치게 되어 죄송합니다.

表題の件につきまして、ご確認の上3日以内に再度ご返信お願いします。

제목 건에 대해 확인한 후 3일 이내에 다시 한 번 답장 부탁드립니다.

2 詳細が下記の通り決まりましたのでお知らせいたします。

상세한 내용이 하기와 같이 결정되어 공지합니다.

このたび、コンテンツの詳細が以下の通り決定しましたのでお知らせします。

이번에 컨텐츠의 디테일이 이하와 같이 결정되어 공지합니다.

3 メールまたは FAX にてご返信くださいますようお願い申し上げます。

메일 또는 FAX로 회신 주십사 부탁드립니다.

書類をお送りしますので、ご署名の上、ご返信くださいますようお願い申し上げます。

서류를 보내 드릴 테니 서명하시고 회신 주십사 부탁드립니다.

4 ご参加いただきたく存じます。

참석해 주셨으면 합니다.

ご参加いただければ幸いです。

참석해 주시면 감사하겠습니다.

28

공지하기 - 가격 인상 공지

ヒカリ商事株式会社
営業部　山田　涼　様

A&B

営業本部長　パク・ユリ

価格改定のお願い

拝啓　貴社益々ご盛栄のこととお喜び申し上げます。平素は格別のご愛顧を賜り、厚く御礼申し上げます。

❶さて、大変申し上げにくいことでございますが、このところの原材料、人件費、運賃、などの上昇により、弊社におきましても従来のお取引価格ではどうしても採算が合わなくなりました。

つきましては、誠に勝手ではございますが、来る１０月1日から別紙のとおり卸価格を５％❷値上げさせていただきたく存じます。

今後もより一層の品質・サービスレベルの向上に取り組み、さらなるご満足をいただけるよう全力を尽くす覚悟でございます。❸何卒、ご賢察の上、ご了承くださいますようお願い申し上げます。

❹敬具

해석 239P

1 拝啓・敬具
<small>はいけい　けいぐ</small>
배계, 배상

拝啓<small>はいけい</small>는 포멀한 편지글의 첫인사로 쓰이는 표현으로, 삼가 아뢴다는 뜻을 갖는다. 또한 敬具<small>けいぐ</small>는 포멀한 편지글의 마지막 인사로, 이 역시 삼가 아뢰었다는 의미를 갖는다. 拝啓<small>はいけい</small>로 시작한 글은 반드시 敬具<small>けいぐ</small>로 끝맺는 게 룰이고 이메일에 첨부하는 공지나 FAX로 보내는 글 등에 이런 형식을 갖춘 문서가 많다.

- 拝啓<small>はいけい</small>　初冬<small>しょとう</small>の候<small>こう</small>、寒<small>さむ</small>さが身<small>み</small>に染<small>し</small>みる季節<small>きせつ</small>となりました。

  배계 겨울이 시작되는 요즈음, 추위가 몸에 스미는 계절이 되었습니다.

- 拝啓<small>はいけい</small>　盛暑<small>せいしょ</small>の候<small>こう</small>　梅雨<small>つゆ</small>も明<small>あ</small>け暑<small>あつ</small>い日<small>ひ</small>が続<small>つづ</small>いております。

  배계 성하지절, 장마도 그치고 더운 날이 계속되고 있습니다.

2 さて、大変申<small>たいへんもう</small>し上<small>あ</small>げにくいことでございますが
대단히 말씀드리기 어렵습니다만

말하기 어려운 주제에 대한 이야기를 조심스럽게 꺼낼 때 쓰게 되는 쿠션어로,「大変<small>たいへん</small>申<small>もう</small>し上<small>あ</small>げにくいのですが」라고 표현해도 된다.

- さて、大変申<small>たいへんもう</small>し上<small>あ</small>げにくいことでございますが、このところの運賃等<small>うんちんなど</small>の上昇<small>じょうしょう</small>により弊社<small>へいしゃ</small>におきましても従来<small>じゅうらい</small>の価格<small>かかく</small>では採算<small>さいさん</small>が合<small>あ</small>わなくなりました。

  대단히 말씀드리기 어렵습니다만 최근 운임 등의 상승으로 인해 저희 회사에서도 기존 가격으로는 타산이 맞지 않게 되었습니다.

- 大変申<small>たいへんもう</small>し上<small>あ</small>げにくいのですが、現行価格<small>げんこうかかく</small>を２０２２年<small>ねん</small>３月<small>がつ</small>より改定<small>かいてい</small>させていただきたく、お願<small>ねが</small>い申<small>もう</small>し上<small>あ</small>げます。

  대단히 말씀드리기 어려운데 현행 가격을 2022년 3월부터 개정했으면 하여 부탁 말씀드립니다.

3
誠に勝手ではございますが、来る１０月1日から別紙のとおり卸
価格を５％値上げさせていただきたく存じます。
정말 죄송합니다만 오는 10월 1일부터 별지대로 도매가격을 5% 인상하고자 합니다.

가격을 인상하는 등 민감한 이야기를 할 때는「誠に勝手ではございますが」라는 쿠션어를
쓸 수 있는데,「誠に不本意ながら[본의 아니게]」라는 말로 대신할 수도 있다. 또한 가격을
인상하겠다고 할 때는「値上げさせていただきたく [인상하고자]」라는 표현을 사용한다.

- 誠に不本意ながら、価格を１０％値上げさせていただきたく、
お願い申し上げます。

  정말 본의 아니게 가격을 10% 인상하고자 하오니 잘 부탁드립니다.

- 送料のみ値上げさせていただきたく、ご理解のほどお願い申し上
げます。

  배송료만 인상하고자 하오니 이해해주십사 부탁드립니다.

4
何卒、ご賢察の上、ご了承くださいますようお願い申し上げます。
아무쪼록 헤아려 주시고 양해해 주십사 부탁드립니다.

남을 미루어 살핀다는 의미를 갖는 賢察라는 말은,「ご賢察の上」와 같은 형태로 쓰였을 때 본
인의 사정을 이해받기를 바라는 뜻으로 사용된다.

- ご多忙とは存じますが、事情をご賢察の上、ご協力いただきます
ようお願い申し上げます。

  바쁘신 줄 알지만, 사정을 헤아려 주시고 협력해 주시기를 부탁드립니다.

- 誠に勝手ながら、弊社の事情をご賢察の上、ご了承下さいますよ
うお願い申し上げます。

  정말 죄송합니다만 저희 회사 사정을 헤아려 주시고 양해해 주십사 부탁드립니다.

🎧 04_28_p.mp3

1 拝啓 春爛漫の季節となりましたが、いかがお過ごしでいらっしゃいますか。

배계 봄기운으로 만연한 계절이 되었습니다만 어떻게 지내고 계십니까?

拝啓 時下ますますご清栄のこととお喜び申し上げます。

배계 요즘 더욱더 번영하시기를 기원합니다.

2 大変申し上げにくいことでございますが、今回は発注を見送らせていただきたく存じます。

대단히 말씀드리기 어렵습니다만 이번에는 발주를 보류하고자 합니다.

大変申し上げにくいことでございますが、従来の価格を維持することが困難となってまいりました。

대단히 말씀드리기 어렵습니다만, 기본 가격을 유지하기 어렵습니다.

3 下記品番について価格を値上げさせていただきたくお願い申し上げます。

하기 품번에 대해 가격을 인상하고자 하오니 잘 부탁드립니다.

価格を値上げさせていただきたく、ご理解賜りますようお願い申し上げます。

가격을 인상하고자 하오니 이해해 주시기를 부탁드립니다.

4 弊社の事情をご賢察の上、ご協力いただきますようお願い申し上げます。

저희 회사 사정을 헤아려 주시고 협력해 주시기를 부탁드립니다.

何卒諸事情をご賢察の上、ご理解とご協力のほどお願い申し上げます。

아무쪼록 여러 사정을 헤아려 주시고 이해와 협력 부탁드립니다.

29

답신하기 - 회신 예절 1

件名：Re:仕事のご相談

株式会社　A&C

総務部　課長　戸田　結衣　様

❶ご無沙汰しております。

❷本来ならこちらからご連絡を差し上げるべきところを申し訳ありません。

戸田様はお変わりございませんでしょうか。

❸さて、ご相談いただきました件ですが、ぜひお引き受けいたしたく存じ

ます。

❹つきましては、詳細についてご説明させていただきたいのですが、

来週はご都合いかがでしょうか。

よろしくお願い申し上げます。

해석 240P

1

ご無沙汰しております。
그동안 인사 못 드려 죄송합니다.

「ご無沙汰しております[오랫동안 격조했습니다]」라는 인사말은 직접 만나거나 전화로 안부를 주고받을 때뿐만 아니라 이메일에서도 흔하게 사용되는 표현이다. 또한 일반적인 회신 머리글은 상대방이 보낸 메일에 대한 감사 인사로 시작된다.

- ご丁寧に、年末のご挨拶をいただき、ありがとうございます。
  이렇게 신경 써서 연말 인사 주셔서 감사합니다.

- この度は新製品「H-2021」をご注文いただき、誠にありがとうございます。
  이번에는 신제품「H 2021」을 주문해 주셔서 정말 감사합니다.

2

本来ならこちらからご連絡を差し上げるべきところを申し訳ありません。
원래라면 저희 쪽에서 연락을 드렸어야 했는데 죄송합니다.

상대방이 먼저 연락을 하게 만든 것에 대한 미안함을 나타낸 표현으로, 상대가 여러 차례 문의를 했거나 본인의 대응이 늦었을 때 쓸 수 있는 문구이다.

- 本来ならこちらからご連絡を差し上げるべきでしたが、失礼いたしました。
  원래라면 저희 쪽에서 연락을 드렸어야 했는데 죄송합니다.

- 本来ならこちらからご連絡しなければいけないところ、遅くなり大変申し訳ございません。
  원래라면 저희 쪽에서 연락을 드렸어야 했는데 늦어져서 정말 죄송합니다.

ご相談いただきました件ですが、ぜひお引き受けいたしたく存じます。

상담해주신 건입니다만 꼭 맡고 싶습니다.

상대방의 문의, 제안 등에 대해 다시 언급할 때「~いただきました件ですが[~에 관한 건입니다만]」이라고 표현한다. 또한 상대방이 맡긴 일을 흔쾌히 받아들일 때「お引き受けいたしたく存じます[맡고 싶습니다]」「お引き受けいたします[맡겠습니다]」와 같이 표현한다.

· お問い合わせいただきました件ですが、今回は大変申し訳ありませんが、お引き受けできないと判断いたしましたのでご報告いたします。

문의해 주신 건입니다만 이번에는 대단히 죄송합니다만 맡을 수가 없다고 판단되어 이렇게 보고 드립니다.

· ご依頼の案件をぜひお引き受けいたします。

의뢰하신 안건을 맡겠습니다.

つきましては、詳細についてご説明させていただきたいのですが、来週のご都合はいかがでしょうか。

관련하여 자세한 사항에 대해 설명 드리고 싶은데 다음 주 일정은 어떠신지요.

답변을 하기까지 시간이 걸리거나 검토하는 단계가 필요한 경우라면 상대방의 업무에 차질이 빚어지지 않도록 대략적인 기한을 밝히는 편이 좋다.

· まずは資料を拝見し、改めてご連絡いたします。

우선은 자료를 보고 다시 연락 드리겠습니다.

· ご質問いただいた内容については確認の上、来週の木曜日までに回答させていただきます。

질문해 주신 내용에 대해서는 확인 후 다음 주 목요일까지 답변 드리겠습니다.

패턴
연습

1

この度は、食品展示会にご招待いただき、誠にありがとうございます。

이번에 식품 전시회로 초대해 주셔서 정말 감사드립니다.

この度は、お問い合わせいただき、誠にありがとうございます。

이번에 문의해 주셔서 정말 감사드립니다.

2

本来ならこちらからご連絡を差し上げるべきところ、ご連絡が遅くなってしまいました。

원래라면 저희 쪽에서 연락을 드렸어야 했는데 연락이 늦어졌습니다.

本来ならこちらからご連絡を差し上げるべきところ、大変ご迷惑をおかけしました。

원래라면 저희 쪽에서 연락을 드렸어야 했는데 대단히 민폐를 끼쳤습니다.

3

お問い合わせいただきました件ですが、日本で輸入可能なものであれば、配送いたします。

문의해 주신 건입니다만 일본에서 수입 가능한 것이라면 배송해드립니다.

ご指摘いただきました件ですが、申し訳ございませんでした。

지적해 주신 건입니다만 정말 죄송합니다.

4

今週中にはお手元に届くかと存じます。

이번 주 중에는 도착할 것으로 예상합니다.

つきましては、領収書を送付させていただきますので、ご査収のほどよろしくお願い申し上げます。

관련해서 영수증을 송부 드리오니 잘 확인하고 수령해 주시기를 부탁드립니다.

본문

件名：Re.この度はありがとうございます。

バラ製薬
松浦様

お世話になっております。❶ご丁寧にメールをいただき、ありがとうございます。

❷松浦様のいつもながらのお心遣いに感謝しております。

❸昨日はお会いできてとても嬉しかったです。またのお越しをお待ちしております。

今回のプロジェクトもまだまだ先が長いと存じますが、

どうぞこれからもよろしくお願いいたします。

❹なお、このメールへのご返信は不要です。

해석 240P

본문
해설

1 ご丁寧にメールをいただき、ありがとうございます。
신경 써서 메일 주셔서 감사합니다.

간단한 답례나 인사차 메일을 받은 경우에 사용하게 되는 문구이다. 여기서 「ご丁寧」
란 상대의 배려나 친절한 행동에 대해 감사한 마음을 담은 표현으로, 보통 뒤에는 「あ
りがとうございます[감사합니다]」라는 말이 이어진다.

- お忙しい中、ご丁寧なメールをいただき、ありがとうござ
  います。
  바쁘신 중에 신경 써서 메일 주셔서 감사합니다.

- この度はご丁寧にご指導いただき、誠にありがとうござい
  ました。
  이번에 신경 써서 지도해 주셔서 정말 감사합니다.

2 松浦様のいつもながらのお心遣いに感謝しております。
마츠우라 님의 변함없는 배려에 감사하고 있습니다.

이 역시 친절과 배려를 베풀어준 상대에게 감사한 마음을 나타내기 위해 자주 쓰이는
표현이다. 여기서 「お心遣い」는 '진심을 다해 배려를 하는 것'으로, 이 자리에 '신경을
써서 행동하는 것'을 가리키는 「お気遣い」를 대신 사용해서는 안 된다.

- 武田様の行き届いたお心遣いに感謝しております。
  다케다 님의 세심한 배려에 감사하고 있습니다.

- 身に余るお心遣いをいただき、大変感謝しております。
  분에 넘치게 배려해 주셔서 대단히 감사하고 있습니다.

3

昨日はお会いできてとても嬉しかったです。
어제는 만나 뵙게 되어 반가웠습니다.

너무 사무적이지 않게 회신하는 것이 일반적이며 만나서 반가웠다거나 선물에 대한 감사 인사 등 상투적인 내용을 쓴다. 상대에게 보낸 선물에 대한 답례로 메일이 온 경우라면 쓸모가 있었으면 좋겠다는 내용을 담아 답을 한다.

- **貴社の皆さまと貴重な時間を過ごせたことに心からお礼申し上げます。**
  귀사 여러분과 귀중한 시간을 보낼 수 있던 점 진심으로 감사드립니다.

- **普段お聞きすることのない話も伺うことができ、大変勉強になりました。**
  평소에 들을 수 없던 이야기도 들을 수 있어, 대단히 도움이 되었습니다.

4

なお、このメールへのご返信は不要です。
또한 이 메일에는 회신하지 않으셔도 됩니다.

언제까지나 회신을 주고받을 수 없기 때문에 상대방에게 더이상 메일을 보내지 않아도 된다는 말을 할 때 쓰이는 문구이다. 「返信不要」라고만 쓰는 경우도 있으나 메일을 받는 사람이 손윗사람이라면 실례되는 인상을 줄 수 있기에 되도록 부드럽고 정중한 어투를 사용한다.

- **お忙しいことと存じますので、どうぞこのメールへのお返事にはお気を遣われませんように。**
  바쁘신 줄 아오니 이 메일에 대한 회신은 하지 않으셔도 괜찮습니다.

- **ご確認いただければ、ご返信には及びません。**
  확인하셨다면 회신하지 않으셔도 괜찮습니다.

🎧 04_30_p.mp3

1 ┃ ご丁寧にお知らせいただき、ありがとうございます。

신경 써서 알려주셔서 감사합니다.

┃ ご丁寧にお詫び状までいただき、ありがとうございました。

신경 써서 사과문까지 주셔서 감사합니다.

2 ┃ いつもながらの温かいお心遣いに感謝しております。

변함없는 따뜻한 배려에 감사하고 있습니다.

┃ 皆様のお心遣いに、厚くお礼申し上げます。

여러분의 배려에 깊은 감사를 드립니다.

3 ┃ こちらこそ昨日は松田様の貴重なお話をお聞きすることがで
き、誠に光栄でございます。

저야말로 어제는 마츠다 님의 귀중한 이야기를 들을 수 있어 정말 영광입니다.

┃ お気に召していただけるか分かりませんが、よろしければ
是非お使いください。

마음에 드실지 모르겠습니다만 괜찮으시다면 꼭 써주시기를 바랍니다.

4 ┃ 特に問題がなければ、ご返信をいただくには及びません。

특별히 문제가 없으면 회신하지 않으셔도 됩니다.

┃ ご確認いただければ、ご返信はどうぞお気遣いなく。

확인하셨다면 회신은 하지 않으셔도 됩니다.

156

5

회의/이벤트/세미나

원어민 MP3

31

시작 – 인사 1

🎧 05_31_d.mp3

본문

司会：

❶それでは、時間が参りましたので、始めさせていただきます。

❷皆さん、今日はお忙しいところ、お集まりいただきありがとうございます。

❸私は、本日の司会を担当させていただく営業部のシン・テミンです。

❹本日は、どうぞよろしくお願いいたします。

사회:

그럼 시간이 되었사오니 시작하겠습니다.

여러분, 오늘은 바쁘신 중에 모여 주셔서 감사드립니다.

저는 오늘 사회를 맡게 된 영업부 신태민입니다.

오늘은 잘 부탁드립니다.

단어

集まる : 많은 사람이나 물건이 모이다

159

時間が参りましたので、始めさせていただきます。
<small>じかん　まい　　　　　　　　　　　　　　　は じ</small>
시간이 되었사오니 시작하겠습니다.

사람들이 모인 공식 석상에서 시간이 되었다는 것을 정중하게 말할 때「時間が参る」
라고 할 수 있지만 반드시 이렇게 말할 필요는 없다. 또한 시작하겠다고 할 때는「始め
させていただきます」「始めます」라고 표현할 수 있다.

- **開始時刻となりましたので、早速始めさせていただきます。**
  <small>かいしじこく　　　　　　　　　　　さっそくはじ</small>
  개시 시각이 되었으므로 바로 시작하겠습니다.

- **それでは時間になりましたので会議を始めさせていただき**
  <small>じかん　　　　　　　　かいぎ　はじ</small>
  ます。
  그럼 시간이 되었으니 회의를 시작하겠습니다.

今日はお忙しいところ、お集まりいただきありがとうござ
<small>きょう　いそが　　　　　　　　　あつ</small>
います。
오늘은 바쁘신 중에 모여 주셔서 감사드립니다.

한자리에 모인 사람들에게「お忙しいところ[바쁘신 중에]」와 같은 말을 덧붙여 감
사 인사를 하는 편이 좋다. 비나 눈이 와 궂은 날씨에 찾아온 경우라면「お足元の悪
い中[궂은 날, 악천후에]」라는 표현을 사용하기도 한다.

- **本日はお忙しいところ、ご出席いただき、ありがとうござ**
  <small>ほんじつ　いそ　　　　　　　しゅっせき</small>
  います。
  오늘은 바쁘신 중에 출석해 주셔서 감사합니다.

- **本日は朝早くからお集まりいただき、誠にありがとうござ**
  <small>ほんじつ　あさはや　　　　　あつ　　　　　まこと</small>
  います。
  오늘은 아침 일찍부터 모여 주셔서 정말 감사합니다.

3

私は、本日の司会を担当させていただく営業部のシン・テミンです。
わたし　　ほんじつ　しかい　たんとう　　　　　　　　　　　えいぎょうぶ

저는 오늘 사회를 맡게 된 영업부 신태민입니다.

사회를 맡게 되어 본인의 소속과 이름을 밝힐 때 사용할 수 있는 표현이다. 사회를 맡는다는 것은 「司会を担当する」「司会を務める」「司会をする」라고 말하기 때문에 예문과 같이 적절히 응용하여 사용하면 된다.

- 本日は司会を務めさせていただきます企画部の吉田と申します。
  오늘은 사회를 맡게 된 기획부의 요시다라고 합니다.

- 二次会の司会を担当することになりました。
  2차 사회를 보게 되었습니다.

4

本日は、どうぞよろしくお願いいたします。
ほんじつ　　　　　　　　　　　　　ねが

오늘은 잘 부탁드립니다.

회의 시작을 알리는 인사를 마치며 하게 되는 말로, 가장 일반적이고 기본적인 표현이다. 여기서 사회를 처음 맡게 되었다거나 본인의 진행이 서투른 점 양해 바란다며 겸손한 인상을 주고 싶다면 「不慣れ」[익숙하지 않음, 서투름]라는 말을 사용할 수 있다. 또한 「有意義な会となりますように」[유의미한 모임이 될 수 있도록]과 같이 참가자에게 협조를 부탁하는 말을 덧붙일 수도 있다.

- 不慣れではありますが、どうぞよろしくお願いします。
  서투르지만 부디 잘 부탁드립니다.

- 何分不慣れな点もあるかと存じますが、どうぞよろしくお願いいたします。
  다소 서투른 점도 있겠지만 부디 잘 부탁드립니다.

161

1 ┃ 早速^{さっそく}ではございますが、ただいまよりカンファランスを始^{はじ}め

させていただきます。

갑작스럽긴 합니다만 지금부터 컨퍼런스를 시작하겠습니다.

┃ お待^またせいたしました。これより、フォーラムを始^{はじ}めさせて

いただきます。

오래 기다리셨습니다. 지금부터 포럼을 시작하겠습니다.

2 ┃ 本日^{ほんじつ}はお忙^{いそが}しい中^{なか}、おいでいただきましてありがとうござい

ます。

오늘은 바쁘신 중에 와주셔서 감사드립니다.

┃ お足元^{あしもと}の悪^{わる}い中^{なか}、ご参加^{さんか}いただきましてありがとうございます。

궂은날 이렇게 참가해 주셔서 감사드립니다.

3 ┃ 私^{わたくし}は、本日^{ほんじつ}の司会^{しかい}を担当^{たんとう}いたします保険課長^{ほけんかちょう}の鳥井^{とりい}です。

저는 오늘 사회를 담당하는 보험 과장인 도리이입니다.

┃ 私^{わたくし}は、本日^{ほんじつ}の司会^{しかい}をさせていただきます環境部^{かんきょうぶ}のパク・ジ

ヒと申^{もう}します。

저는 오늘 사회를 보게 된 환경부 박지희라고 합니다.

4 ┃ 司会^{しかい}が不慣^{ふな}れで至^{いた}らない点^{てん}もあるかと存^{ぞん}じますが、どうぞよ

ろしくお願^{ねが}いいたします。

사회가 서툴러 부족한 점도 있을 것 같지만 부디 잘 부탁드립니다.

┃ 有意義^{ゆういぎ}な会^{かい}となりますように、本日^{ほんじつ}はどうぞよろしくお願^{ねが}い

いたします。

유의미한 모임이 될 수 있도록 오늘은 부디 잘 부탁드립니다.

32

시작 – 인사 2

본문

司会：

それでは、定刻になりましたので、会議を始めさせていただきます。

❶田村様がまだお見えではありませんが、半数以上の方がご出席いただいて

おりますので、始めたいと思います。

皆さまお忙しいところお集まりいただきありがとうございます。

本日司会を務める製造課のホンと申します。

❷本日の会議のテーマは「環境に優しい物作り」でございます。

❸事前にお送りいたしました資料をご覧ください。

❹それでは、担当の松井様よりご説明をいただきます。

どうぞよろしくお願いします。

사회:

그럼, 정각이 되었으므로 회의를 시작하겠습니다.

다무라 님이 아직 안 오셨지만 과반수의 분이 출석해주셨기 때문에 시작하고자 합니다.

여러분 바쁘신 중에 모여주셔서 감사합니다.

오늘 사회를 맡게 된 제조과의 홍이라고 합니다.

오늘 회의 주제는 '친환경적인 물건 만들기'입니다.

사전에 보내드린 자료를 봐주십시오.

그럼 담당자인 마츠이 님께서 설명해주시겠습니다.

잘 부탁드립니다.

1 田村様がまだお見えではありませんが、半数以上の方がご
出席いただいておりますので、始めたいと思います。
다무라 님이 아직 안 오셨지만 과반수의 분이 출석해주셨기 때문에 시작하고
자 합니다.

본문과 같은 표현 외에도 전달사항이 있는 경우「~とのことです[~라고 합니다]」와
같은 말을 쓸 수 있고, 「~とのことですので少々お待ちください[~라고 하오
니 잠시만 기다려주세요]」처럼 뒷말을 이을 수도 있다.

• 橋下様におかれましては、少し遅れての参加とのご連絡を
いただいております。
하시모토 님께는 조금 늦게 참가하신다는 연락을 받았습니다.

• 現場に出ている社員は、各現場からリモートでの参加とな
ります。
현장에 나가있는 직원들은 각 현장에서 온라인으로 참가합니다.

2 本日の会議のテーマは「環境に優しい物作り」でございます。
오늘 회의 주제는 '친환경적인 물건 만들기'입니다.

회의의 주제를 설명할 때 テーマ[주제], アジェンダ[어젠더], 議題[의제] 등의 말
을 사용하며 이것은 회의의 성격이나 내용에 따라 달라질 수 있다.

• 会議のテーマは「最も効率的な仕事の進め方について」と
なっております。
회의 주제는 '가장 효율적인 업무 진행 방법에 대하여'입니다.

• 会議のアジェンダはお配りした資料にまとめてあります。
회의의 어젠더는 나눠드린 자료에 정리해두었습니다.

3
事前にお送りいたしました資料をご覧ください。
사전에 보내드린 자료를 봐주십시오.

보통 회의에서는 유인물이나 자료를 보며 진행하는 경우가 많기 때문에 이때 자주 사용되는 「お手元」라는 말을 알아두면 좋다. 이것은 手元[손 언저리]를 공손하게 표현한 말로, 손이 닿을 정도로 근처에 있는 물건 등을 가리킬 때 사용된다.

- まず、お手元の資料をご覧ください。

  우선, 가지고 계신 자료를 봐주십시오.

- 説明の前に、本日ご配布させていただきました資料の確認をさせていただきたいと思います。

  설명하기 앞서, 오늘 배부해드린 자료를 확인하고자 합니다.

4
それでは、担当の松井様よりご説明をいただきます。
그럼 담당자인 마츠이 님께서 설명해주시겠습니다.

「ご説明(を)いただく」는 설명하는 사람을 높이는 말이 되는 반면 「ご説明させていただきます」는 설명하는 사람을 낮춤으로써 그걸 듣는 다른 사람들을 높이는 말이 되기 때문에 사회자는 회의에 참석한 사람들과의 관계를 고려하여 적절하게 나눠 사용하는 편이 좋다.

- では初めに、木村様よりご説明をいただきます。

  그럼 우선 기무라 님께서 설명을 해주시겠습니다.

- 概要につきましては、部長のチェよりご説明させていただきます。

  개요에 대해서는 최 부장님의 설명이 있겠습니다.

패턴
연습

1

松浦様がまだいらしていませんが、時間ですので始めたいと
思います。

마츠우라 님이 아직 안 오셨지만 시간이 다 되었으므로 시작하겠습니다.

定刻より少し早いですが、皆さん揃いましたので、会議を進
めます。

정각보다 다소 빠릅니다만 모두 모였기 때문에 회의를 진행하겠습니다.

2

本日の会議の議題は「備品の管理について」でございます。

오늘 회의 의제는 '비품 관리에 대하여'입니다.

本日の会議のアジェンダは「クライアント向けのプロモーシ
ョンについて」です。

오늘 회의 어젠더는 '클라이언트를 겨냥한 홍보에 대하여'입니다.

3

ご参考までに、お手元の資料をご覧ください。

참고할 때는 가지고 계신 자료를 봐주십시오.

詳細につきましては、本日お配りした資料をご覧ください。

상세한 사항에 대해서는 오늘 나눠드린 자료를 봐주십시오.

4

本件について、ジャン・ハリ様よりご説明をいただきます。

이번 건에 대해 장하리 님께서 설명해주시겠습니다.

まずは石井課長よりご説明をいただきます。

우선 이시이 과장님께서 설명해주시겠습니다.

33

진행 – 회의 목적이나 방향 제시

🎧 05_33_d.mp3

본문

参加者：

本日の会議の目的は「営業力の強化」です。

❶ある程度の結論を出すところまで進めたいと思います。

また、恐縮ですが、❷できるだけ多くの方のご意見を伺いたいので、ご発言は手短にお願い申し上げます。

❸それでは早速議題に入りたいと思います。

❹先ほどご説明がありましたように、今日は３つ議題がございますので、効率的に進めていければと思います。

참가자:

오늘 회의 목적은 '영업력 강화'입니다.

어느 정도의 결론을 내는 데까지 진행하고자 합니다.

또한 송구합니다만 가능한 한 많은 분들의 의견을 듣고자 하오니 발언은 간단하게 부탁드립니다.

그럼 바로 의제로 들어가고자 합니다.

앞서 설명이 있었던 대로 오늘은 세 가지 의제가 있으므로 효율적으로 진행했으면 합니다.

단어

手短 : 간단하고 짧음, 간략함

167

본문
해설

1 **ある程度の結論を出すところまで進めたいと思います。**
어느 정도의 결론을 내는 데까지 진행하고자 합니다.

최근에는 온라인 회의가 늘어나며 필요한 내용만 나누도록 요구되기 시작했다. 이때 정해진 시간을 제시하거나 도달하고자 하는 결론을 언급하며 「~ところまで進めたいと思います[~까지 진행하고자 합니다]」와 같은 표현을 사용할 수 있다.

- 本日は１２時までに結論を出したいと思っておりますので、ご協力よろしくお願いいたします。
  오늘은 12시까지 결론을 내고자 하오니 협력해주시기를 바랍니다.

- 最終的な方向性が見えるところまで進めたいと思います。
  최종적인 방향성이 보이는 곳까지 진행하고자 합니다.

2 **ご発言は手短にお願い申し上げます。**
발언은 간단하게 부탁드립니다.

회의가 원활하게 이루어지기 위해서는 참가자가 골고루 발언권을 가질 수 있도록 장려하거나 시간내에 종료할 수 있도록 협력을 요구하는 것이 바람직하므로 짧고 간단하게 발언해달라는 의미인 「手短にお願いします[간결하게 부탁드립니다]」라는 말을 자주 사용한다.

- できるだけ多くの方がお話できるように、２分程度に収めていただきたいと思います。
  가능한 한 많은 분이 얘기를 할 수 있도록 2분 내로 설명해주셨으면 합니다.

- なお、時間の関係がございまして、手短にまとめていただきたいと思っておりますので、ご協力をお願いします。
  또한, 시간 관계상 간단하게 정리해주셨으면 하오니 협력해주시기를 바랍니다.

168

それでは早速議題に入りたいと思います。
그럼 바로 의제로 들어가고자 합니다.

본론으로 들어갈 때 사용하게 되는 표현으로, 이때 '그러면, 그럼'과 같은 의미를 갖는「それでは」「では」「早速ですが」라는 말과 함께「本題・議題に入りたいと思います[본제・의제로 들어가고자 합니다]」라고 말하는 경우가 많다.

• 早速ですが、本題の方に入らせていただきたいと思います。
  그렇다면, 본론으로 들어가고자 합니다.

• それでは、本日の議題に入らせていただきます。
  그럼, 오늘의 의제로 들어가겠습니다.

今日は３つ議題がございますので、効率的に進めていければと思います。
오늘은 세 가지 의제가 있으므로 효율적으로 진행했으면 합니다.

회의 참가자 중 설명을 담당하게 되는 사람이 주제에 대해 다시 한 번 언급하며 내용에 집중시키는 발언을 하는 것도 원활한 진행에 도움이 된다. 이때 사회자가 빠트린 내용이 있다면 보충 설명을 할 수도 있다.

• 本日の議題は１つだけでございまして、「１年で売り上げを倍にする方法」となっております。
  오늘 의제는 한 가지뿐입니다만 '1년 만에 매출을 배로 올리는 방법'입니다.

• できれば携帯電話は電源を切るか、マナーモードに設定してください。
  되도록이면 휴대폰은 전원을 끄거나 매너모드(진동)로 설정해주십시오.

🎧 05_33_p.mp3

1

なるべく時間内に会議を終わらせたいと思うので、ご協力の
ほどよろしくお願いします。

되도록 시간 내에 회의를 끝내고자 하오니 협력해주시기를 바랍니다.

今回は詳細まで踏み込んだ話ができればと思います。

이번에는 상세한 부분까지 깊은 얘기를 나눴으면 합니다.

2

時間の関係もありますので、手短にお答えいただきたいと思
います。

시간 관계도 있으므로 간단하게 답변해주시기를 바랍니다.

なるべく多くの方のご意見を伺いたいと思いますので、お
一人様3分以内にまとめていただければと思います。

가능한 한 많은 분들의 의견을 듣고자 하오니 한 분당 3분 이내로 정리해주시기
를 바랍니다.

3

早速ですが、議題に入らせていただきます。

그렇다면 의제로 들어가겠습니다.

では、本題に入ります。

그럼 본론에 들어갈게요.

4

本日の議題は前回に引き続きまして、「新入社員の効率的な
育成」でございます。

오늘 의제는 지난번에 이어 '신입사원의 효율적인 육성'입니다.

双方が納得できる形で話し合いながら進めていければと思い
ます。

쌍방이 납득할 수 있는 형태로 대화를 진행했으면 합니다.

34

진행 - 설명

🎧 05_34_d.mp3

본문

キム・ジュリ	❶本日は新しいマーケティング戦略についてお話したいと思います。❷先ほどお渡しした資料をご覧ください。
吉本いちご	❸その図は何を表していますか。
キム・ジュリ	これは売上高と経費の割合を表しています。

(中略)

キム・ジュリ	❹ここまで何かご質問はございますか。質問がないようでしたら、次の議題に移りましょう。

김주리	오늘은 새로운 마케팅전략에 대해 말씀드리고자 합니다. 조금 전에 드린 자료를 봐주세요.
요시모토 이치고	그 도표는 무엇을 나타내고 있는 건가요?
김주리	이건 매출액과 경비의 비율을 나타내고 있습니다.

(중략)

김주리	여기까지 질문이 있으신가요? 질문이 없으시다면 다음 의제로 넘어갑시다.

1 本日は新しいマーケティング戦略についてお話したいと思います。

오늘은 새로운 마케팅전략에 대해 말씀드리고자 합니다.

본론에 들어가거나 이야기를 시작할 때 「~についてお話したいと思います[~에 대해 말씀드리고자 합니다]」라는 표현을 사용하게 된다. 또한 「ご説明いたします [설명해드리겠습니다]」라고 말하는 경우도 있다.

• 今日は先日のセミナーでも取り上げられた消化器疾患についてお話したいと思います。

오늘은 얼마 전에 세미나에서도 다뤄진 소화기질환에 대해 말씀드리고자 합니다.

• 本日は学習アプリについてご説明いたします。

오늘은 학습 어플에 대해 설명드리겠습니다.

2 先ほどお渡しした資料をご覧ください。

조금 전에 드린 자료를 봐주세요.

회의를 진행할 때는 자료를 지참하는 경우가 많기 때문에 이때 자료를 보면서, 혹은 화면을 가리키며 「~をご覧ください[~을 봐주세요]」를 사용하면 된다. 또한 손윗사람이 많은 자리라서 조금 더 조심스럽게 말하고 싶다면 말미에 ませ를 붙여 「ご覧くださいませ」라고 표현하기도 한다.

• 前方のスクリーンをご覧ください。

앞에 있는 스크린을 봐주세요.

• まずは、こちらの映像をご覧ください。

먼저 이 영상을 봐주세요.

3

その図は何を表していますか。
그 도표는 무엇을 나타내고 있는 건가요?

자료나 그림을 보고 설명하는 경우, 그게 무엇을 의미하는 지 묻는 표현이다. 이때 表す[나타내다]라는 말을 주로 사용하며 비슷한 말에는 示す[가리키다]가 있다. 참고로 도표를 설명할 때 쓰이는 가로축・세로축은 각각 横軸・縦軸라고 한다.

- ・統計の各項目は何を表しているのでしょうか。
  통계의 각 항목은 무엇을 나타내고 있는 건가요?

- ・こちらの「メディア」とは具体的に何を示していますか。
  여기 나와있는 '미디어'란 구체적으로 무엇을 가리키고 있나요?

4

ここまで何かご質問はございますか。
여기까지 질문이 있으신가요?

설명을 마무리하며 질문이 있냐고 묻는 표현이다. 손을 들어달라고 할 때는 「挙手をお願いします[거수를 부탁드립니다]」라고 말하면 되고, 만약 질문이나 의견이 없다면 다음으로 넘어가겠다며 「次にまいります・次に移ります」라는 표현을 사용하기도 한다.

- ・ただいまの説明に対しまして、ご質問、ご意見ございませんでしょうか。
  방금전 설명에 대해 질문이나 의견 있으십니까?

- ・ご質問がないようですので、次にまいります。
  질문이 없으신 듯 하오니 다음으로 넘어가겠습니다.

🎧 05_34_p.mp3

1

本日はクレームへの対応についてお話したいと思います。

오늘은 클레임대응에 대해 말씀드리고자 합니다.

本日はお客様との接し方についてお話したいと思います。

오늘은 고객님을 대하는 방법에 대해 말씀드리고자 힙니다.

2

現地の状況につきましては前のスクリーンをご覧ください。

현지 상황에 대해서는 앞의 스크린을 봐주세요.

ページ右下のグラフをご覧ください。

페이지 오른쪽 하단의 그래프를 봐주세요.

3

これらの数値は何を表していますか。

여기 있는 수치는 무엇을 나타내고 있는 건가요?

この図の横軸は何を表していますか。

이 도표의 가로축은 무엇을 나타내고 있는 건가요?

4

他にご意見ございましたらお願いいたします。

다른 의견 있으시면 부탁드립니다.

それでは、この件につきまして、ご質問、ご意見ございましたらどうぞ。

그럼, 이 건에 대해 질문이나 의견이 있으시면 말씀해주세요.

35

진행 - 의견 교환 1

본문

アンサンウ ❶新製品の広告についてご意見がありましたら、お願いします。

戸田サキ ❷私 個人の考えでは、積極的な広告キャンペーンを実施すべきだと思います。

池田ミノル ❸お話の途中で申し訳ありませんが、一つ提案してもよろしいでしょうか。

アンサンウ どうぞ。

池田ミノル 動画広告の配信先を最適化することで、確実に収益化❹に繋がるのではないでしょうか。

안상우　　　　신제품 광고에 대해 의견이 있으시면 부탁드립니다.

토다 사키　　　제 개인적인 생각으로는 적극적인 광고 캠페인을 실시해야 한다고 생각합니다.

이케다 미노루　얘기하시는 도중에 죄송합니다만 한 가지 제안해도 괜찮을까요?

안상우　　　　네 하십시오.

이케다 미노루　동영상 광고 송출처를 최적화하면 확실하게 수익 창출로 이어지지 않을까요?

新製品の広告についてご意見がありましたら、お願いします。
신제품 광고에 대해 의견이 있으시면 부탁드립니다.

상대방의 의견을 묻는 표현이다. '의견이 있으시면 말씀해주세요'라는 말을 하고 싶다면
「ご意見がありましたら、お願いします」 또는 「ご意見がありましたら、お聞かせください」라고 표현할 수 있다.

• **説明内容についてご意見がありましたらお聞かせください。**

　설명 내용에 대해 의견이 있으시면 얘기해주세요.

• **書類の電子化についてどう思われますか。**

　서류를 전산화하는 것에 대해 어떻게 생각하세요?

 私個人の考えでは、積極的な広告キャンペーンを実施すべきだと思います。
제 개인적인 생각으로는 적극적인 광고 캠페인을 실시해야 한다고 생각합니다.

본인의 의견을 확실하게 피력할 때 사용할 수 있는 표현으로, 「~べきだと思います
[~해야 한다고 생각합니다]」를 알아두면 좋다. 또한 개인적인 의견임을 강조하고 싶다면 「私個人の考えでは」라는 말로 시작할 수 있다.

• **さらに連携を深めるべきだと思います。**

　더욱이 제휴를 굳혀야 한다고 생각합니다.

• **私個人の考えでは今後数カ月の状況によると思います。**

　제 개인적인 생각으로는 향후 몇 개월 동안의 상황에 따라 달라질 것 같습니다.

お話の途中で申し訳ありませんが、一つ提案してもよろしいでしょうか。
얘기하시는 도중에 죄송합니다만 한 가지 제안해도 괜찮을까요?

남들이 의견을 나누고 있을 때 조심스럽게 본인의 의견을 전달하는 표현으로, 이때「お話の途中で申し訳ありませんが[얘기하시는 도중에 죄송합니다만]」외에도 '주제넘다', '건방지다'라는 의미를 갖는 差し出がましい란 말을 써서「差し出がましいようですが[외람된 말씀이지만]」이라는 쿠션어를 사용할 수도 있다.

- **お話の途中で申し訳ありませんが、もう少し手短にまとめていただけますか。**
  얘기 도중에 죄송합니다만 조금 더 간결하게 정리해주실 수 있을까요?

- **差し出がましいようですが、一つ提案してもよろしいでしょうか。**
  외람된 말씀이지만 한 가지 제안해도 괜찮을까요?

確実に収益化に繋がるのではないでしょうか。
확실하게 수익 창출로 이어지지 않을까요?

여기서「繋がるのではないでしょうか[이어지지 않을까요?]」는 어떤 현상이나 결과로 이어질 것 같다는 말을 할 때 사용한다. 또한 思われる는 존경어 '생각하시다'라는 의미를 갖기도 하지만 본인의 의견을 겸손하게 혹은 조심스럽게 전하기 위해 사용하는 '생각되다'라는 의미를 갖기도 한다.

- **その他にも方法はいくつかあると思われます。**
  그 외에도 방법은 여러 가지가 있다고 생각됩니다.

- **クライアントからの信頼に繋がるのではないでしょうか。**
  클라이언트로부터의 신뢰로 이어지지 않을까요?

패턴 연습

05_35_p.mp3

1

ただいまの説明についてご意見がありましたら、お願いします。

방금 전 설명에 대해 의견이 있으시면 부탁드립니다.

研究会の運営についてご意見がありましたら、お願いします。

연구회 운영에 대해 의견이 있으시면 부탁드립니다.

2

私 個人の考えでは、流通システムを構築すべきだと思います。

제 개인적인 생각으로는 유통시스템을 구축해야 한다고 생각합니다.

私 個人の考えでは、無駄をなくした製品を開発すべきだと思います。

제 개인적인 생각으로는 낭비를 없앤 제품을 개발해야 한다고 생각합니다.

3

同じアイデアが複数出ていますが、一つ提案してもよろしいでしょうか。

같은 아이디어가 여러 개 나왔는데 한 가지 제안해도 괜찮을까요?

先ほど、アクセスが不便とのコメントがありましたので、一つ提案してもよろしいでしょうか。

방금 전에 접근성이 좋지 않다는 의견이 나와서 한 가지 제안해도 괜찮을까요?

4

集客や売り上げの増加に繋がるのではないでしょうか。

고객을 모으거나 매출 증가로 이어지지 않을까요?

ブランド名を変えることによって、知名度アップに繋がるのではないでしょうか。

브랜드명을 바꾸면 인지도가 오르는 일로 이어지지 않을까요?

178

36

진행 – 의견 교환 2

본문

● 질문을 확인하는 경우

❶手数料についてのご質問ということでよろしいでしょうか。

수수료에 대한 질문이라고 이해하면 될까요?

● 다른 사람 의견을 묻고 싶은 경우

❷この件に関してキムさんのご意見を伺いたく思います。

이 건에 관해서는 김 씨의 의견을 여쭙고 싶습니다.

● 발언이나 질문 내용이 주제에서 벗어난 경우

❸恐れ入りますが、イノベーションに関する発言をお願いします。

죄송합니다만 이노베이션에 관한 발언을 부탁드립니다.

● 특정 주제 혹은 나머지 사항을 이번 회의에서 다루지 않는 경우

お話中申し訳ありません。❹残りの事項につきましては、次回の会議で改め

て検討させていただきます。

이야기하시는 중에 죄송합니다. 나머지 사항에 대해서는 다음 회의에서 다시 검토하겠습니다.

手数料についてのご質問ということでよろしいでしょうか。
수수료에 대한 질문이라고 이해하면 될까요?

질문을 하거나 의견을 낸 사람의 말을 대중들이 알아듣기 쉽게 정리하거나 제대로 이해

했는지 확인할 때「~ということでよろしいでしょうか[~라고 이해하면 될까요?]」

라는 표현을 사용할 수 있다. 또한 의견을 내준 것에 대한 감사 인사를 하고 싶을 때는

「貴重なご意見ありがとうございます[귀중한 의견 감사합니다]」라고 말하면 된다.

- **つまり、個性を尊重すべきという意味でよろしいでしょうか。**
  즉, 개성을 존중해야 한다는 의미가 맞나요?

- **なかなか鋭い観点からの貴重なご意見ありがとうございます。**
  상당히 예리한 관점에서 바라본 귀중한 의견 감사합니다.

 この件に関してキムさんのご意見を伺いたく思います。
이 건에 관해서는 김 씨의 의견을 여쭙고 싶습니다.

여러 사람의 다양한 의견을 듣고 싶거나 내용과 관련이 깊은 사람이 발언해주기를 바

랄 때 특정인을 지목하며 사용할 수 있는 표현이다. 이때「~のご意見を伺いたく

思います[~의 의견을 여쭙고 싶습니다]」또는「~のご意見もお伺いしたいと思

います[~의 의견도 여쭙고 싶습니다]」라고 말하면 된다.

- **他の方のご意見もお伺いしたいと思いますが、いかがでし**

  ょうか？
  다른 분들의 의견도 여쭙고자 하는데 어떨까요?

- **お時間もございますので、他の方のご意見も参考にできれ**

  ばと思います。
  시간도 있사오니 다른 분들의 의견도 참고했으면 합니다.

3 恐れ入りますが、イノベーションに関する発言をお願いします。
죄송합니다만 이노베이션에 관한 발언을 부탁드립니다.

회의 주제와 맞지 않은 말을 하거나 불필요한 발언이 지속된다면「～に関する発言をお願いします[~에 관한 발언을 부탁드립니다]」와 같이 표현한다. 이 밖에도「ポイントを絞る [포인트를 짚다]」「趣旨から外れる[취지에서 벗어나다]」라는 말이 있다.

・ 申し訳ありません。ポイントを絞ったご意見をお願いいたします。
  죄송합니다. 포인트만 짚은 의견을 부탁드립니다.

・ 非常に素晴らしい意見だと思いますが、本会議の趣旨からは多少
  外れてしまったようですので、その話はまた別の機会にお伺いし
  たいと思います。
  매우 훌륭한 의견이라고 생각하지만 본 회의의 취지에서는 다소 벗어난 것 같사오
  니 그 이야기는 다른 기회에 여쭙고자 합니다.

4 残りの事項につきましては、次回の会議で改めて検討させてい
  ただきます。
  나머지 사항에 대해서는 다음 회의에서 다시 검토하겠습니다.

시간 관계상 더 많은 의견을 나눌 수 없거나 다른 자리에서 나눌 법한 내용에 대해서는「残り の事項につきましては[나머지 사항에 대해서는]」「こちらの件に関しましては[이 건 에 관해서는]」와 같이 말하며 마무리 짓도록 한다.

・ こちらの件に関しましては、来週のセミナーで詳しくお話いたします。
  이 건에 관해서는 다음 주 세미나에서 자세하게 말씀드리겠습니다.

・ 意見が活発に出ているところなのですが、こちらの議題は終了い
  たしたいと思います。
  의견이 활발하게 나오고 있습니다만 이번 의제는 종료하고자 합니다.

1 | 準備が整い次第進めていくということでよろしいでしょうか。

준비가 되는 대로 진행하는 것으로 이해하면 될까요?

| 他の形で工夫してほしいということでよろしいでしょうか。

다른 형태로 응용하기를 바란다고 이해하면 될까요?

2 | できれば現場の方のご意見を伺いたく思います。

가능하면 현장에 계신 분들의 의견을 여쭙고 싶습니다.

| 専門家の方、もしくは詳しい方のご意見を伺いたく思います。

전문가분들 또는 자세히 알고 계시는 분들의 의견을 여쭙고 싶습니다.

3 | 恐れ入りますが、資金繰りに関する発言をお願いします。

죄송합니다만 자금조달에 관한 발언을 부탁드립니다.

| 議題に沿った発言をお願いします。

의제에 맞는 발언을 부탁드립니다.

4 | 残りの質問につきましては、後日メールにて回答させていた

だきます。

나머지 질문에 대해서는 나중에 메일로 답변드리겠습니다.

| 残りの質問につきましては、担当部長よりお答えいたします。

나머지 질문에 대해서는 담당 부장님께서 답변하시겠습니다.

…

37

진행 - 쉬는 시간 안내

🎧 05_37_d.mp3

본문

❶以上で第1部のプログラムを終了いたします。

❷ただいまより１５分間の休憩とさせていただきます。

こちらの時計で１６時３０分より第2部を再開いたします。

お手洗いは会場を出て右手にございます。

また、❸お飲み物の自動販売機は各階にございまして、会場への持ち込みは自由となっております。

それでは、❹第2部のプログラム開始の３分前にはご着席いただきますようご協力をお願いいたします。

이상으로 제1부 프로그램을 종료하겠습니다.

지금부터 15분간 휴식 시간을 갖겠습니다.

여기 보이시는 시계로 16시 30분부터 제2부를 재개합니다.

화장실은 회의장을 나와 오른쪽에 있습니다.

또한 음료 자판기는 각 층에 있으며 회의장으로 들고 들어오실 수 있습니다.

그럼, 제2부 프로그램 개시 3분 전에는 착석하실 수 있도록 협조 바랍니다.

단어

持ち込む : 반입하다, 들고 들어가다

1 以上（いじょう）で第（だい）1部（ぶ）のプログラムを終了（しゅうりょう）いたします。
이상으로 제1부 프로그램을 종료하겠습니다.

진행하던 것을 일단락 짓는 표현이다. 여기서 「以上（いじょう）で」 대신 「以上（いじょう）をもちまして」라는 말을 사용하는 경우가 잦으나 「~をもちまして」란 본래 「~をもって」의 오용이므로 정확하게는 「以上（いじょう）で」 또는 「これをもって」라고 표현하는 것이 맞다. 하지만 최근에는 허용 범위 내에 있는 경어로 간주하여 회의나 세미나 등을 진행할 때 자주 들을 수 있다.

- 以上（いじょう）で本日（ほんじつ）のセミナーを終了（しゅうりょう）させていただきます。
  이상으로 오늘의 세미나를 종료하겠습니다.

- これをもちまして、前半（ぜんはん）の部（ぶ）を終了（しゅうりょう）いたします。
  이것으로 전반부를 종료하겠습니다.

2 ただいまより１５分間（ふんかん）の休憩（きゅうけい）とさせていただきます。
지금부터 15분간 휴식 시간을 갖겠습니다.

회의나 세미나가 길어지면 휴식 시간을 갖게 마련이다. 이때 쉬는 시간을 알리는 표현이 바로 「休憩（きゅうけい）とさせていただきます・休憩（きゅうけい）をとりたいと思（おも）います[휴식 시간을 갖겠습니다]」이다. 또한 모두 제시간에 참여할 수 있도록 재개하는 시간을 함께 알려주기도 한다.

- これより一旦休憩（いったんきゅうけい）をとりたいと思（おも）います。
  지금부터 일단 휴식 시간을 갖겠습니다.

- ここで暫時休憩（ざんじきゅうけい）いたしまして、午後（ごご）1時（じ）から再開（さいかい）させていただきたいと思（おも）います。
  여기서 잠시 휴식 시간을 갖고 오후 1시부터 재개하도록 하겠습니다.

3 お飲み物の自動販売機は各階にございまして、会場への持ち込みは自由となっております。

음료 자판기는 각 층에 있으며 회의장으로 들고 들어오실 수 있습니다.

화장실을 안내하거나 음료 등의 반입에 대해 설명하는 표현이다. 이때 「お持ち込み[반입]」「ご遠慮ください[삼가주세요]」「お控えください[삼가주세요]」와 같은 말을 알아두면 좋다.

• お手洗いはセミナールームを出て突き当たりにございます。

화장실은 세미나룸을 나와 직진하셔서 끝까지 가시면 나옵니다.

• 会場は禁煙となっておりますので、喫煙される方は2階の喫煙スペースにてお願いいたします。

회의장은 금연이오니 흡연하실 분들은 2층 흡연실을 이용하시길 바랍니다.

4 第2部のプログラム開始の3分前にはご着席いただきますようご協力をお願いいたします。

제2부 프로그램 개시 3분 전에는 착석하실 수 있도록 협조 바랍니다.

제시간에 혹은 제자리에 착석을 요청할 때는 「ご着席いただきますよう」라는 표현을 사용하여 「お願いします」「ご協力をお願いします」와 같은 말을 뒤에 붙인다.

• 開始時刻までにご着席いただきますようご協力お願いします。

개시 시각까지 착석하실 수 있도록 협조 바랍니다.

• 会場内では、隣の方と間隔を空けてご着席いただきますようお願い申し上げます。

회의장 내에서는 옆에 계신 분과의 간격을 두고 착석해주시기를 바랍니다.

185

1

それではこれで、第1部のセッションを終了いたします。

그럼 이것으로 제1부 세션을 종료하겠습니다.

これをもちまして、今期の会議を終了いたします。

이것으로 이번 분기 회의를 종료하겠습니다.

2

それでは、これより１０分間の休憩とさせていただきます。

그럼, 지금부터 10분간 휴식 시간을 갖겠습니다.

次の会議の準備ができるまでしばらく休憩とさせていただきます。

다음 회의 준비가 될 때까지 잠시 휴식 시간을 갖겠습니다.

3

お手洗いは会議室を出て左手にございます。

화장실은 회의실을 나와 왼쪽에 있습니다.

会場内での写真・動画の撮影はご遠慮いただいております。

회의장 내에서의 사진・동영상 촬영은 삼가주세요.

4

指定された席にご着席いただきますようご協力をお願いいたします。

지정된 좌석에 착석하실 수 있도록 협조 바랍니다.

前列から順番にご着席いただきますようご協力をお願いいたします。

앞줄부터 순서대로 착석하실 수 있도록 협조 바랍니다.

38

진행 - 결론

본문　　　　　　　　　　　　　　　　　　　　　　● ● ●

・ 질문이나 의견을 묻는 경우

❶素晴(すば)らしいご意見(いけん)をいただきありがとうございました。

❷ほかに何(なに)かご質問(しつもん)、ご意見(いけん)はございますか。

よろしいでしょうか。ありがとうございます。

・ 질문이나 의견을 생략하는 경우

素晴(すば)らしい説明(せつめい)をいただきありがとうございました。

❸残(のこ)り時間(じかん)の関係(かんけい)で、先(さき)ほどの説明(せつめい)に関(かん)する質問(しつもん)は割愛(かつあい)させていただきます。

❹それでは、これをもちまして会議(かいぎ)を終了(しゅうりょう)したいと思(おも)いますが、よろしいでしょうか。

훌륭한 의견 감사드립니다.

그 외 다른 질문이나 의견 있으십니까?

괜찮을까요? 감사합니다.

훌륭한 설명 감사드립니다.

시간이 얼마 남지 않아 방금 전 설명에 관한 질문은 생략하겠습니다.

그럼, 이것으로 회의를 종료하고자 합니다만 괜찮을까요?

素晴らしいご意見をいただきありがとうございました。
훌륭한 의견 감사드립니다.

의견을 낸 사람에게 건네는 정형적인 멘트로, 이때 「〜ご意見をいただきありがとうございました」라는 표현을 응용할 수 있다. 그 외에도 아래와 같은 말로 회의를 마무리 짓기도 한다.

- 大変中身の濃い会議となりました。
  대단히 내용이 알찬 회의가 되었습니다.

- 皆様のご協力のもと、非常に信頼性のある結論を導き出す
  ことができました。
  여러분이 협력해주신 덕분에 매우 신뢰성이 높은 결론을 도출하게 되었습니다.

2 **ほかに何かご質問、ご意見はございますか。**
그 외 다른 질문이나 의견 있으십니까?

회의에 참석한 사람들에게 질문이나 의견을 요구하는 표현이다. 이때 시간 관계상 간략하게 발언해주길 바란다면 「ご意見は簡潔にお願いします[의견은 간결하게 부탁드립니다]」, 「2分程度の感想をお願いします[2분 정도의 감상을 부탁드립니다]」와 같이 요청할 수도 있다.

- 皆さんから、ご質問、ご意見などをいただきたいと思います。
  여러분께 질문, 의견 등을 여쭙고 싶습니다.

- 時間の限りもございますので、1分ずつ感想をいただければ
  と思います。
  시간제한도 있사오니 1분씩 감상을 들려주셨으면 합니다.

188

> 3
> さき せつめい かん しつもん かつあい
> **先ほどの説明に関する質問は割愛させていただきます。**
> 방금 전 설명에 관한 질문은 생략하겠습니다.

더이상 질문을 받을 수 없거나 의견 교환을 마무리할 때 나오는 표현이다. 질의응답시간을 갖지 않거나 설명을 하지 않고 넘어가다면 「割愛いたします・割愛させていただきます[생략하겠습니다]」라는 말을 사용할 수 있다.

* のこ かしょ かつあい
  残りの箇所は割愛させていただきますが、よろしいでしょうか。
  나머지 부분은 생략하고자 합니다만 괜찮을까요?

* じかん しつぎおうとう じかん お
  それでは、時間になりましたので、質疑応答の時間を終わらせて いただきます。
  그럼, 시간이 되었사오니 질의응답 시간을 마치도록 하겠습니다.

> 4
> かいぎ しゅうりょう おも
> **これをもちまして会議を終了したいと思いますが、よろしいで しょうか。**
> 이것으로 회의를 종료하고자 합니다만 괜찮을까요?

앞에서 나온 「以上で」「これをもちまして」와 같은 말을 사용하여 회의를 종료하는 표현이다. 이때 참석자들의 의견을 마지막으로 확인하고자 「よろしいでしょうか」라는 말을 덧붙이는 경우가 있다.

* いじょう ほんじつ にってい しゅうりょう ほか なに
  以上で本日の日程は終了となりますが、その他、何かございまし たら、ご発言をお願いいたします。
  이상으로 오늘 일정은 종료합니다만 그 외 하실 말씀이 있으시면 발언 부탁드립니다.

* ほんじつ かいぎ しゅうりょう
  これをもちまして本日の会議を終了いたします。
  이것으로 오늘 회의를 종료하겠습니다.

패턴 연습

1

たくさんのあたたかいご意見をいただきありがとうございました。

많은 따뜻한 의견 감사드립니다.

多数のご質問、ご意見をいただきありがとうございました。

다수의 질문과 의견 감사드립니다.

2

ただいまご説明いただきました内容について何かご質問、ご意見はございますか。

방금 설명해주신 내용에 대해 다른 질문이나 의견이 있으십니까?

発表内容について何かご質問、ご意見はございますか。

발표내용에 대해 다른 질문이나 의견 있으십니까?

3

時間もだいぶ過ぎましたので、質問は割愛させていただきます。

시간이 꽤 지났사오니 질문은 생략하겠습니다.

予定時間が参りましたので、質問は割愛させていただきます。

예정된 시간이 다가왔사오니 질문은 생략하겠습니다.

4

ほかにご意見もないようですので、本日の会議は終了します。

기타 의견도 없는 듯하오니 오늘 회의는 종료합니다.

皆さんのご意見がなければ、これで本日の会議は終了いたします。

여러분의 의견이 없으시면 이것으로 오늘 회의는 종료하겠습니다.

39

종료 - 마무리 1

본문

❶ 本日は長時間ご協力くださいまして、誠にありがとうございました。

❷ 皆様の活発な意見をいただきまして、大変有意義な会議となりました。

❸ また、次回の開催が近づきましたら、皆様にメールにてお知らせいたします。

❹ 本日は、お疲れ様でした。

오늘은 오랜 시간 협력해주셔서 정말 감사드립니다.

여러분이 활발한 의견을 주셔서 매우 유의미한 회의가 되었습니다.

또 다음 개최일이 다가오면 여러분께 메일로 안내해드리겠습니다.

오늘은 수고 많으셨습니다.

단어

有意義だ : 유의미하다, 가치가 있다

1 **本日（ほんじつ）は長時間（ちょうじかん）ご協力（きょうりょく）くださいまして、誠（まこと）にありがとうございました。**
오늘은 오랜 시간 협력해주셔서 정말 감사드립니다.

「長時間（ちょうじかん）にわたり~ありがとうございました[오랜 시간에 걸쳐~감사드립니다]」

라는 인사말로 회의를 마무리 지을 수 있다. 또한「閉会（へいかい）いたします・閉会（へいかい）といた

します[폐회하겠습니다]」라는 말로 인사를 하기도 한다.

• 本日（ほんじつ）は皆様（みなさま）のご協力（きょうりょく）によりまして、定時（ていじ）に会議（かいぎ）を終了（しゅうりょう）する

ことができました。
오늘은 여러분이 협력해주셔서 제시간에 회의를 종료할 수 있게 되었습니다.

• 以上（いじょう）で、令和（れいわ）４年度（ねんどだい）第1回定期総会（かいていきそうかい）を閉会（へいかい）いたします。
이상으로 2022년도 제 1회 정기총회를 폐회하겠습니다.

2 **皆様（みなさま）の活発（かっぱつ）な意見（いけん）をいただきまして、大変有意義（たいへんゆういぎ）な会議（かいぎ）となりました。**
여러분이 활발한 의견을 주셔서 매우 유의미한 회의가 되었습니다.

회의가 알차고 유의미했음을 시사하는 표현으로,「有意義（ゆういぎ）な会議（かいぎ）[유의미한 회의]」또

는「実（みの）りのある会議（かいぎ）[알찬 회의]」와 같이 말한다.

• お陰様（かげさま）で有意義（ゆういぎ）な会議（かいぎ）にすることができ、ありがとうござ

いました。
덕분에 유의미한 회의가 되어 감사드립니다.

• 本日（ほんじつ）は、皆様（みなさま）のお陰（かげ）で、たくさんの貴重（きちょう）な意見（いけん）をいただく

ことができました。
오늘은 여러분 덕분에 많은 귀중한 의견을 듣게 되었습니다.

3 また、次回の開催が近づきましたら、皆様にメールにてお知らせいたします。
또 다음 개최일이 다가오면 여러분께 메일로 안내해드리겠습니다.

다음 회의나 세미나 일정이 정해지지 않았다면「次回の開催が近づきましたら[다음 개최일이 다가오면]」「予定が決まり次第[일정이 결정되는 대로]」 등의 표현을 사용하여 별도로 공지하겠다는 말을 덧붙일 수 있다. 또한 다음 모임에서 지참해야 할 준비물이나 자료를 알리기도 한다.

- 次回の開催が決まり次第ご連絡させていただきますので、重ねてよろしくお願いいたします。
  다음 개최일이 결정되는 대로 연락드릴테니 거듭 잘 부탁드립니다.

- また、次回までに各自アイデアをお願いします。
  또, 다음 회의까지 각자 아이디어를 부탁드립니다.

4 本日は、お疲れ様でした。
오늘은 수고 많으셨습니다.

소수가 모이는 캐주얼한 회의에서 총회와 같은 큰 회의에 이르기까지 마지막에는「お疲れ様でした[수고 많으셨습니다]」라는 인사말로 마무리 짓는 경우가 많다. 만약 오프라인 회의에서 뒷정리가 필요한 경우라면「後片付けをお願いします[뒷정리를 부탁드립니다]」라는 말로 협조를 요청할 수도 있다.

- ご協力ありがとうございました。
  협력해주셔서 감사드립니다.

- 時間のある方は後片付けをお願い申し上げます。
  시간이 있으신 분들은 뒷정리를 부탁드립니다.

1 　長い時間、誠にありがとうございました。

오랜 시간 정말 감사드립니다.

　本日は長時間にわたりまして、議論いただきありがとうございました。

오늘은 오랜 시간에 걸쳐 논의해주셔서 감사드립니다.

2 　皆様のおかげで充実した内容の会議を行うことができました。

여러분 덕분에 알찬 내용으로 회의를 진행할 수 있었습니다.

　今回も活発な意見が飛び交い、大変実りのある会議となりました。

이번에도 활발하게 의견이 오가서 매우 알찬 회의가 되었습니다.

3 　次回の開催は決まり次第ご連絡させていただきますので、よろしくお願いします。

다음 개최는 결정되는 대로 연락드릴테니 잘 부탁드립니다.

　次回の会議に参加できない方は、あらかじめメールにてご連絡ください。

다음 회의에 참가하지 못하시는 분들은 미리 메일로 연락 바랍니다.

4 　ご参加された皆様、どうもお疲れ様でした。

참가하신 여러분 정말 수고 많으셨습니다.

　ご多忙の中、ご出席いただき、ありがとうございました。

바쁘신 중에 출석해주셔서 감사드립니다.

40

종료 – 마무리 2

🎧 05_40_d.mp3

본문

❶これで本日の議題はすべて終了いたしました。

長時間にわたり、ありがとうございました。

❷皆さまのご協力のおかげで、具体的な内容が出来上がったのではないかと

思います。❸議題Bにつきましては、次回の会議にて、さらに検討を重ねた

いと思いますので、よろしくお願いいたします。

❹また、次回の会議の日程でございますが、6月28日、月曜日を予定して

おります。

ご多忙のところ恐縮ですが、ご予定に入れておいていただきますようお願

いいたします。

本日はどうもお疲れ様でした。

이것으로 오늘 의제는 모두 종료했습니다.

오랜 시간에 걸쳐 감사드립니다.

여러분이 협력해주신 덕분에 구체적인 내용이 결정되지 않았나 싶습니다.

의제 B에 대해서는 다음 회의에서 검토를 거듭하려고 하오니 잘 부탁드립니다.

또한 다음 회의 일정입니다만 6월 28일 월요일을 계획하고 있습니다.

바쁘신 중에 죄송합니다만 일정에 추가해두시기를 부탁드립니다.

오늘은 정말 수고 많으셨습니다.

1 これで本日の議題はすべて終了いたしました。
이것으로 오늘 의제는 모두 종료했습니다.

조금 캐주얼한 회의에서 사용할 수 있는 마무리 멘트도 함께 알아두면 좋다. 소수가 모여 가볍게 이야기를 나누고 계획을 짜는 등의 사전 회의를 가리켜 打ち合わせ라고 하며 회의는 会議 외에 ミーティング라는 말도 사용한다.

- 本日の会議はこれまでにします。
  오늘 회의는 여기까지 하겠습니다.

- 今日はこの辺にしておきましょう。
  오늘은 이정도로 해둡시다.

2 皆様のご協力のおかげで、具体的な内容が出来上がったのではないかと思います。
여러분이 협조해주신 덕분에 구체적인 내용이 결정되지 않았나 싶습니다.

회의를 끝마칠 때 「~ではないかと思います[~되지 않나 싶습니다]」라며 본인의 생각을 말하거나 「皆様のご協力のおかげで[여러분이 협조해주신 덕분에]」와 같은 말로 참가자에 대한 감사 인사를 전할 수도 있다.

- 様々なアイデアを出していただいた皆様、ありがとうございます。
  여러 가지 아이디어를 내주신 여러분 감사드립니다.

- わかりやすく説明していただき、システムへの理解が深まったのではないかと思います。
  알기 쉽게 설명해 주셔서 시스템에 대해 더 깊이 이해할 수 있게 되지 않나 싶습니다.

196

3 議題Bにつきましては、次回の会議にて、さらに検討を重ねたいと思いますので、よろしくお願いいたします。
의제 B에 대해서는 다음 회의에서 검토를 거듭하려고 하오니 잘 부탁드립니다.

한 번의 회의에서 모든 사안을 결정하지 못할 수도 있기 때문에 다음에 다시 나눌 내용에 대해 언급한다면 「~につきましては次回の会議にて[~에 대해서는 다음 회의에서]」라는 표현을 사용할 수 있다.

- アンケート結果につきましては，次回の会議にてお示しいたします。
  설문조사 결과에 대해서는 다음 회의에서 알려드리겠습니다.

- 具体策については次回以降、詳しく解説したいと思います。
  구체적인 대책에 대해서는 다음 회의부터 자세하게 해설하고자 합니다.

4 次回の会議の日程でございますが、6月28日、月曜日を予定しております。
다음 회의 일정입니다만 6월 28일 월요일을 계획하고 있습니다.

다음 회의 일정을 공지하는 부분이다. 이때 「予定しております[계획하고 있습니다]」 혹은 「考えております[생각하고 있습니다]」「確認させていただきます[확인하겠습니다]」 등 다양하게 표현할 수 있다.

- それでは、次回の会議の日程を確認させていただきます。
  그럼, 다음 회의 일정을 확인하겠습니다.

- 次回の会議は10月14日になりますので、引き続きよろしくお願いします。
  다음 회의는 10월 14일이 되오니 앞으로도 잘 부탁드립니다.

1

打ち合わせを終わりにしたいと思います。

미팅을 종료하겠습니다.

以上で会議はすべて終了させていただきます。

이상으로 회의는 모두 종료하겠습니다.

2

皆様のご協力のおかげで、活発な意見交換ができたのではかいかと思います。

여러분이 협조해주신 덕분에 활발하게 의견교환을 할 수 있지 않았나 싶습니다.

皆様のご協力のおかげで、とても興味深い話し合いになりました。

여러분이 협조해주신 덕분에 매우 흥미로운 논의가 되었습니다.

3

プランBにつきましては、次回の会議にて、ご報告させていただきたいと考えております。

플랜B에 대해서는 다음 회의에서 보고 드리려고 생각하고 있습니다.

決算の詳細につきましては、次回の会議にて、ご説明させていただきたいと思います。

결산의 상세 내용에 대해서는 다음 회의에서 설명해드리고자 합니다.

4

次回の会議の日程でございますが、できましたら、５月１９日の午前中を考えております。

다음 회의 일정입니다만 가능하면 5월 19일 오전 중으로 생각하고 있습니다.

次回の会議の日程でございますが、８月２３日、同じくこちらの会議室にて開催する予定です。

다음 회의 일정입니다만 8월 23일 동일하게 이 회의실에서 개최할 예정입니다.

6

회식/접대

원어민 MP3

41

초대하기 – 출장자가 온 경우 1(오미야게 받음)

🎧 06_41_d.mp3

본문

ユ・ヘラ	遠いところをわざわざありがとうございます。
田中みらい	❶本日はご招待いただき誠にありがとうございます。
	❷ほんの気持ちばかりですがこちらをどうぞ。
ユ・ヘラ	❸いつもお心遣いありがとうございます。
	❹社員みんなで美味しくいただきます。

유해라	멀리서 와주셔서 감사합니다.
다나카 미라이	오늘은 초대해 주셔서 정말 감사합니다.
	그저 마음뿐입니다만 받아주세요.
유해라	항상 신경 써주셔서 감사합니다.
	직원 다 같이 맛있게 먹겠습니다.

단어 ——————————

わざわざ : 일부러, 특별히

1

本日はご招待いただき誠にありがとうございます。
오늘은 초대해 주셔서 정말 감사합니다.

식사 모임부터 시작해 전시회나 파티 등 각종 이벤트에 초대되었을 때 사용할 수 있는 표현이다. 여기서 「ご招待いただき[초대해 주셔서]」는 「お招きいただき[초대해 주셔서]」라고 바꿔쓸 수도 있다. 만약 손윗사람이나 거래처에 부담을 준 것 같은 느낌이 든다면 「ありがとうございます[감사합니다]」 대신 「恐れ入ります[송구합니다]」라는 말을 쓰기도 한다.

- **ご多忙にも関わらずお招きいただき誠にありがとうございます。**
  바쁘신데도 불구하고 초대해 주셔서 정말 감사합니다.

- **ご招待いただきまして誠に恐れ入ります。**
  초대해 주셔서 정말 송구합니다.

2

ほんの気持ちばかりですがこちらをどうぞ。
그저 마음뿐입니다만 받아주세요.

선물을 건넬 때 덧붙이는 정형화된 문구다. 여기서 「ほんの気持ちばかりですが」는 '별 것 아닙니다만', '마음뿐입니다만'이라는 의미를 갖는 겸손한 표현이다. 조금 더 간결하게 「ほんの気持ちですが」라는 말로도 쓰이며 비슷한 표현으로는 「つまらないものですが[별것 아닙니다만]」, 「ささやかですが[약소하지만]」과 같은 것이 있다.

- **つまらないものですが、どうぞお受け取りください。**
  별것 아닙니다만 꼭 받아주세요.

- **ささやかですが、感謝の気持ちを込めてお贈りさせていただきます。**
  약소하지만 감사한 마음을 담아 보내드립니다.

3 いつもお心遣(こころづか)いありがとうございます。
항상 신경 써주셔서 감사합니다.

선물을 받았을 때 우리나라 사람들이 내뱉는 '뭘 이런 걸 다…'라는 말을 대신한다. 선물과 같은 물건을 받았을 때뿐만 아니라 상대가 친절을 베풀어 줬거나 도움을 줬을 때도 사용하게 되는 문구이다. 또한 결혼이나 졸업 등으로 축하 선물을 받게 된 경우라면 「結構(けっこう)なお祝(いわ)い[성대한 축하, 많은 축의금]」라는 단어를 사용한다.

- この度(たび)はお心遣(こころづか)いありがとうございました。さっそく使(つか)わせていただいております。
  얼마 전에 주신 선물 감사합니다. 바로 사용하고 있습니다.

- 息子(むすこ)の結婚式(けっこんしき)に結構(けっこう)なお祝(いわ)いをいただき、ありがとうございました。
  아들 결혼식을 성대하게 축하해 주셔서 감사합니다.

4 社員(しゃいん)みんなで美味(おい)しくいただきます。
직원 다 같이 맛있게 먹겠습니다.

개인적으로 받은 선물이 아니라면 이 말을 함께 덧붙이는 것이 좋고, 받은 물건에 대한 감상이나 기분을 함께 전달하면 더욱 좋다.

- とても上品(じょうひん)な甘(あま)さで、みんなで美味(おい)しくいただきました。
  매우 고급스럽게 달콤하여 다 같이 맛있게 먹었습니다.

- 素敵(すてき)なお品(しな)で嬉(うれ)しい限(かぎ)りです。この時期寒(じきさむ)いので使(つか)わせていただきます。
  멋진 물건이라 너무도 기쁩니다. 요새 추워져서 사용하겠습니다.

1 食事会にお招きいただき誠にありがとうございます。

식사 모임에 초대해 주셔서 정말 감사합니다.

素敵な展示会にお招きいただき誠にありがとうございます。

멋진 전시회에 초대해 주셔서 정말 감사합니다.

2 ほんの気持ちばかりですが、皆様で召し上がってください。

그저 마음뿐입니다만 다 같이 드세요.

ほんの気持ちばかりですが、お料理をご用意いたしました。

그저 마음뿐입니다만 요리를 준비했습니다.

3 娘の卒業の際にはお心遣いいただきありがとうございました。

딸 졸업식에서는 신경 써주셔서 감사드립니다.

過分なお心遣いをいただきまして誠にありがとうございました。

과분한 걸 받게 되어 정말 감사드립니다.

4 さっそく社員みんなで美味しくいただきます。

바로 직원들과 함께 맛있게 먹겠습니다.

スタッフ一同で美味しくいただきます。

스텝들과 함께 맛있게 먹겠습니다.

42

초대하기 – 출장자가 온 경우 2(가게)

본문

アン・サンウ	最近日本で❶タッカルビが評判だそうで近くのお店をご予約いたしましたが、いかがでしょうか。
戸田サキ	えっ本当ですか。実は❷大好物なんですよ。
アン・サンウ	それはよかったです。❸ビールとの相性も抜群なので、この時期にピッタリな気がして。❹辛い料理は召し上がりますか。
戸田サキ	なんかもうテンション上がりますね。普段から韓国料理をよく食べるので、辛いのも全然いけます。

안상우	요새 일본에서 닭갈비가 인기가 많다기에 근처 가게를 예약했는데 어떠세요?
도다 사키	네? 정말이요? 사실은 아주 좋아하는 음식이에요.
안상우	그거 잘됐네요. 맥주랑 궁합도 좋아서 이 시기에 딱인 것 같길래. 매운 음식은 드세요?
도다 사키	벌써 신나네요. 평소에 한국 요리를 자주 먹어서 매운 것도 완전 괜찮아요.

단어

評判 : 평판, 화제에 오름   大好物 : 좋아하는 음식이나 물건

1 近_{ちか}くのお店_{みせ}をご予約_{よやく}いたしましたが、いかがでしょうか。
근처 가게를 예약했는데 어떠세요?

출장을 왔거나 멀리서 온 거래처 직원 혹은 고객의 취향을 미리 알아보고 예약한 가게로 안내하기 전에 할 수 있는 멘트이다. 또한 評判_{ひょうばん}이란, '평판'을 가리키는 말이지만 여기서와 같이 세간에서 주목을 받고 있는 것을 가리키는 말이기도 하므로 알아두면 유용한 표현이다.

• 二次会_{にじかい}として「響_{ひびき}」の方_{ほう}に予約_{よやく}をとってあります。
2차로「히비키」라는 곳으로 예약을 해두었습니다.

• 郷土料理_{きょうどりょうり}の美味_{おい}しいお店_{みせ}にご案内_{あんない}いたします。
향토 요리가 맛있는 가게로 안내해 드리겠습니다.

2 大好物_{だいこうぶつ}なんですよ。
아주 좋아하는 음식이에요.

大好物_{だいこうぶつ}란 아주 좋아하는 음식을 가리키는 말로, 상대방이 권하는 음식이나 가게의 요리를 많이 좋아한다면 이 말을 써보는 것도 괜찮다. 신경을 써준 상대방의 정성에 기분 좋은 반응을 보이는 편이 예의에 어긋나지 않기 때문에 비슷한 뜻의 리액션 몇 가지를 함께 알아두면 좋다.

• お寿司_{すし}に目_めがないんです。
초밥에 사족을 못 써요.

• 以前_{いぜん}からぜひいただいてみたかったです。
예전부터 꼭 먹어보고 싶었어요.

3 **ビールとの相性も抜群なので**
맥주랑 궁합도 좋아서

사람 사이의 궁합 뿐 아니라 음식의 궁합도 相性라는 말을 쓴다. 특정 음식을 권하거나 술을 함께 곁들일 때 종종 나오는 표현이다.

・ 甘辛い味で、ご飯との相性もバッチリなので、ぜひ試してみてください。

　매콤달콤해서 밥이랑 궁합도 딱 맞아으니까 꼭 시도해 보셔요.

・ ワインとの相性も抜群で、人気のメニューとなっております。

　와인이랑 궁합도 좋아서 인기 메뉴예요.

4 **辛い料理は召し上がりますか。**
매운 음식은 드세요?

상대의 입맛을 고려하여 먹을 수 있냐는 질문을 할 때는 가급적 가능형 표현은 피하고「召し上がりますか[드세요?]」라고 묻는다. 물론「一口サイズで召し上がれます[한 입 크기로 드실 수 있습니다]」와 같이 표현할 때는 상관없다. 또한 입맛에 맞냐고 물을 때는「お口に合いますか」라고 한다.

・ お酒はお飲みになりますか。

　술은 드세요?

・ 食事はお口に合いますか。

　식사는 입맛에 맞으세요?

1 ┃ うなぎが美味しいと評判のお店をご予約いたしました。

우나기가 맛있다고 화제인 가게를 예약했습니다.

┃ ワインがお好きだと伺ったので、ワインが美味しいお店をご
予約いたしました。

와인을 좋아하신다고 들어, 와인이 맛있는 가게를 예약했습니다.

2 ┃ 最近チゲにハマってるんですよ。

요새 찌개에 빠져있거든요.

┃ 一度食べてみたかったんですよ。

한 번 먹어보고 싶었거든요.

3 ┃ 日本酒との相性も抜群なので一緒にどうぞ。

일본 청주(사케)와의 궁합도 좋으니 함께 드세요.

┃ ラーメンとの相性も抜群なのでぜひお試しください。

라면과의 궁합도 좋으니 꼭 드셔보세요.

4 ┃ パクチーも召し上がりますか。

고수도 드세요?

┃ 梅干しは召し上がりますか。

우메보시는 드세요?

43

초대하기 – 출장자가 온 경우 3(집 초대)

🎧 06_43_d.mp3

본문

吉本いちご ❶ごめんください。

パク・ジハン あ、吉本さんですね。夫のパク・ジハンです。

吉本いちご ❷今日はお招きいただきまして、ありがとうございます。

キム・ジュリ 主人がとても楽しみにしていたんですよ。美人さんがいらっしゃるって。❸どうぞお上がりください。

吉本いちご ❹お邪魔します。

요시모토 이치고　실례합니다.

박지한　아, 요시모토 님이네요. 남편인 박지한입니다.

요시모토 이치고　오늘은 초대해 주셔서 감사합니다.

김주리　남편이 정말 기대하고 있었어요. 미인분이 오신다고. 어서 들어오세요.

요시모토 이치고　실례합니다.

단어

主人 : 주인, 아내가 본인 남편을 가리킬 때의 호칭

1 ごめんください。
실례합니다.

남의 집에 방문했을 때 처음 내뱉게 되는 인사말인데, 이것은 본래 '누구 안 계십니까?', '갑작스러운 방문을 용서하세요'라는 두 가지 의미를 갖기 때문에 보통은 집에 들어서기 전 현관이나 문밖에서 사용한다. 또한 가게에 방문했는데 사람이 보이지 않는다면 본인이 왔다는 사실을 알리기 위해 이 표현을 사용하기도 한다.

・ ごめんください**ませ**。
실례했습니다.

2 今日_{きょう}はお招_{まね}きいただきまして、ありがとうございます。
오늘은 초대해 주셔서 감사합니다.

이미 초대해준 사람에게 직접 감사 인사를 전했겠지만 집에 있는 다른 가족에게도 같은 인사를 하도록 한다. 또한 방문한 이후에도 메일이나 전화 등 초대해 준 것에 대한 감사 인사를 다시 하는 편이 좋다.

・ 先日_{せんじつ}はお招_{まね}きいただき、誠_{まこと}にありがとうございました。
지난번에는 초대해 주셔서 정말 감사드립니다.

・ この度_{たび}は、わざわざお招_{まね}きいただきまして、ありがとうございます。
이번에 일부러 초대해 주셔서 감사합니다.

3 どうぞお上がりください。
어서 들어오세요.

손님이 집에 왔을 때 현관에서 하게 되는 인사말로, 신발을 벗고 집 안으로 들어오라는 정중한

표현이다. 현관보다 실내 바닥이 다소 높게 생긴 옛날 집의 구조를 생각하면 말 그대로 올라오

라는 말이 된다. 따라서 신발을 신은 채로 출입하게 되는 가게나 사무실, 일반 회사에서는「お

入りください[들어오세요]」라는 표현을 쓰는 것이다.

- むさ苦しい所ですが、お上がりください。
  누추한 곳이지만 들어오세요.

- ようこそおいでくださいました。
  잘 오셨습니다.

4 お邪魔します。
실례합니다.

집주인이 들어오라는 말을 했을 때 손님 입장에서 하게 되는 인사말이다. '방해하다'라는 의미

를 갖는 이 말은 남의 사적인 공간을 방문하거나 말을 걸 때 사용하게 된다.

- お邪魔いたします。
  실례합니다.

- お忙しいところ、お邪魔しました。
  바쁘신데 실례했습니다.

1

▌ ごめんください。入ってもいいでしょうか。

실례합니다. 들어가도 될까요?

▌ ごめんください。突然申し訳ございません。

실례합니다. 갑자기 죄송합니다.

2

▌ 昨日はお宅にお招きいただき、ご馳走になりました。

어제는 댁에 초대해 주셔서 잘 먹었습니다.

▌ 楽しいお食事会にお招きいただき、誠にありがとうございま

した。

즐거운 식사 모임에 초대해 주셔서 정말 감사합니다.

3

▌ 散らかってますが、お上がりください。

어질러져 있지만 들어오세요.

▌ 靴のままお上がりください。

신발 신은 채로 들어오세요.

4

▌ 夜分遅くにお邪魔します。

밤 늦게 실례합니다.

▌ おくつろぎのところ、お邪魔します。

쉬고 계시는데 실례합니다.

44

초대받기 - 출장을 간 경우 1(회사)

🎧 06_44_d.mp3

본문

田中みらい　❶本日は遠いところお越しいただき、ありがとうございます。

ユ・ヘラ　思ったより道が空いていたので❷予定より早く着いてしまいました。失礼しました。それにしても外観がとてもおしゃれですね。

田中みらい　恐縮です。有名な建築家が手がけたそうですが、❸私はデザインとかに疎くて。

ユ・ヘラ　いやいや、❹先日いただいた和菓子は田中さんのセンスの良さが伝わってきて、食べるのがもったいないくらいでしたよ。

다나카 미라이　오늘은 멀리서 와주셔서 감사합니다.

유해라　생각보다 길이 한산해서 예정보다 일찍 도착해버렸어요. 실례했습니다. 그나저나 외관이 정말 세련됐네요.

다나카 미라이　부끄럽습니다. 유명한 건축가가 만들었다고 하는데 저는 디자인 같은 것에 문외한이라.

유해라　그럴 리가요. 지난번에 주신 화과자는 다나카 씨의 훌륭한 센스가 전해져서 먹기 아까울 정도였답니다.

단어

手がける : 직접 다루다, 만들다

もったいない : 아깝다, 황송하다

213

1 本日は遠いところお越しいただき、ありがとうございます。
오늘은 멀리서 와주셔서 감사합니다.

회사를 방문하거나 출장을 온 사람에게 건네는 인사말로, 来る의 존경어인 「お越し
になる」를 사용하여 정중하게 표현한다. 또한 来る의 다른 존경어 「おいでになる」
를 써서 「おいでくださり」라고 표현하기도 한다.

• 本日はご多忙のところ、弊社までおいでくださり、ありが

とうございます。

오늘은 바쁘신 중에 저희 회사까지 와주셔서 감사합니다.

• 先日は遠いところからお越しくださいましてありがとうご

ざいました。

지난번에는 멀리서 와주셔서 감사했습니다.

2 予定より早く着いてしまいました。失礼しました。
예정보다 일찍 도착해버렸어요. 실례했습니다

집이나 회사에 방문할 때는 상대방의 계획이나 준비할 시간 등을 고려하고, 약속한 시
간보다 일찍 도착했다면 늦는 것보다는 나을 수 있으나 양해를 구하는 편이 좋다.

• 貴重なお時間を割いていただいたにも関わらず、電車の事故

で１０時４０分ごろの到着になりそうです。誠に申し訳ござ

いません。

귀중한 시간을 내주셨는데도 불구하고 전철 사고로 10시 40분쯤 도착할 것
같습니다. 정말 죄송합니다.

• せっかく貴重なお時間を頂戴しましたのに、遅れまして申

し訳ございません。

모처럼 귀중한 시간을 내주셨는데 늦어서 죄송합니다.

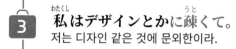

3 私はデザインとかに疎くて。
저는 디자인 같은 것에 문외한이라.

어떤 분야에 대한 이해나 지식이 모자란다는 의미를 갖는 「疎い」를 사용한 표현으로, 상대방이

꺼낸 이야기에 적절한 답을 하지 못할 때나 대화의 소재에 관심이 없을 때 혹은 사실은 알고 있

지만 그 대화를 그다지 나누고 싶지 않을 때 유용하게 사용된다.

- すみません。政治には疎くて。
  죄송해요. 정치는 잘 몰라서.

- 流行には全く疎くてですね。
  유행은 통 몰라서 말이죠.

4 先日いただいた和菓子は田中さんのセンスの良さが伝わってきて
지난번에 주신 화과자는 다나카 씨의 훌륭한 센스가 전해져서

선물을 받았다면 그 즉시 감사 인사를 하는 것은 물론이고 그 이후에 만났을 때도 되도록 언급

하는 것이 좋다. 이때는 본인의 개인적인 생각을 덧붙여 고마움을 전한다.

- 先日いただいたグラスで毎日晩酌しておりますが、お酒の味も
  格別でした。
  일전에 받은 잔으로 매일 반주를 하는데, 술맛도 각별했습니다.

- 先日は美味しいケーキをありがとうございました。娘がとても喜
  んでおりました。
  지난번에 맛있는 케익을 주셔서 감사합니다. 딸이 정말 좋아하더라고요.

1

遠路はるばるお越しいただき、ありがとうございました。

멀리서 일부러 와주셔서 감사했습니다.

本日は遠方よりお越しいただき、誠にありがとうございます。

오늘은 멀리서 와주셔서 정말 감사합니다.

2

遅くなりまして、大変申し訳ございません。

늦어서 정말 죄송합니다.

申し訳ございません。会社を出るのが遅くなりまして。

죄송합니다. 회사를 나오는 게 늦어져서.

3

地理に疎くてよく道に迷います。

지리를 잘 몰라서 자주 길을 잃어요.

歴史に疎くて恥ずかしいです。

역사에 문외한이라 부끄럽습니다.

4

先日いただいた明太子、病みつきになって大変です。

지난번에 주신 명란젓, 손을 뗄 수가 없어서 큰일이에요.

先日いただいた桃、家族みんなで美味しく頂きました。

지난번에 주신 복숭아, 가족 다 같이 맛있게 먹었습니다.

45

초대받기 - 출장을 간 경우 2(가게)

🎧 06_45_d.mp3

본문

吉本いちご　キムさん、❶この後二軒目いかがなさいますか。近くに行きつけのバーがあるんですけど。

キム・ジュリ　えっ。ご一緒させていただいてもいいんですか。

吉本いちご　この前お宅に招待していただいた時、ご主人から❷バーで飲むのがお好きだと伺ったので喜んでいただけるかなと思って。

キム・ジュリ　すみません。ウチの旦那が余計なことを。

吉本いちご　いえいえ、❸わざわざ遠くまでおいでくださったので、ご遠慮なさらず楽しんで行ってください。

キム・ジュリ　❹じゃお言葉に甘えて。

요시모토 이치고　김주리 씨, 이다음 2차 어떻게 하실래요? 근처에 자주 가는 바가 있는데요.

김주리　네? 같이 가도 괜찮아요?

요시모토 이치고　전에 댁에 초대해 주셨을 때 남편분께 바에서 마시는 걸 좋아하신다고 들어서 마음에 들어 하시지 않을까 싶었어요.

김주리　죄송해요. 제 남편이 쓸데없는 소리를 해서.

요시모토 이치고　아니에요. 일부러 멀리까지 와주셨으니까 사양 마시고 즐기다 가주세요.

김주리　그럼 염치 불고하고.

단어

余計 : 쓸데없음, 불필요함

1 この後二軒目いかがなさいますか。
이다음 2차 어떻게 하실래요?

술자리나 회식자리를 뜻하는 1차는 一次会, 2차는 二次会라고 하지만, 그러한 모임을 갖는 첫 번째 가게는 一軒目, 두 번째 가게는 二軒目라고 한다. 그래서 보통 다음 술자리로 옮길 때는 모임 자체를 뜻하는 二次会・三次会보다는 구체적인 가게를 가리키는 二軒目・三軒目라는 말을 더 많이 사용한다.

- 本日は二次会のお話をさせていただきます。
  오늘은 2차 모임에 대한 이야기를 드리겠습니다.

- 三軒目は焼き鳥屋いかがですか。
  3차는 야키토리집 어떠세요?

2 バーで飲むのがお好きだと伺ったので喜んでいただけるかなと思って。
바에서 마시는 걸 좋아하신다고 들어서 마음에 들어하시지 않을까 싶었어요.

남에게 들었다고 말할 때도 伺う라는 겸양어를 쓴다. 또한 상대가 '기뻐하다', '좋아하다'라는 것을 정중하게 표현할 때는 「喜んでいただく」라고 한다.

- コーヒーがお好きだと伺ったので。
  커피를 좋아하신다고 들어서요.

- 喜んでいただければ幸いです。
  마음에 들어하신다면 좋겠습니다.

3 わざわざ遠くまでおいでくださったので、ご遠慮なさらず楽しんで行ってください。
일부러 멀리까지 와주셨으니까 사양 마시고 즐기다 가주세요.

혹시나 불편해하거나 음식을 사양할 수도 있으니 그러지 말고 편하게 있다 가라며 출장 온 사람을 배려하는 표현이다. 여기서 おいでくださる는 '와주시다'라는 존경어이므로 いらっしゃってくださる・お越しくださる와 같은 말로 바꿔 쓸 수 있다. 또한 '사양 말고', '마음 놓고'라는 말로는 「ご遠慮なさらず」「ご遠慮なく」라는 표현이 있다.

- 遠方よりいらっしゃってくださり、ありがとうございます。
  멀리서 와주셔서 감사합니다.

- せっかくお越しくださったのに、何のお構いもできず、申し訳ございません。
  모처럼 와주셨는데 아무것도 신경 써드리지 못해 죄송합니다.

4 じゃお言葉に甘えて。
그럼 염치 불고하고.

「言葉に甘える」는 '[상대의] 말에 어리광을 부리다'라는 말로, 상대의 호의나 친절을 감사하게 받아들인다는 표현이다. '그렇게 말씀해 주시니', '염치 불고하고'와 같은 의미로 쓰이며 비즈니스가 아닌 일상적인 상황에서도 자주 사용된다.

- お言葉に甘えてすっかりご馳走になってしまいました。
  염치 불고하고 너무 잘 먹었습니다.

- お言葉に甘えてつい長居してしまい失礼しました。
  염치 불고하고 너무 오래 있게 되어 실례했습니다.

1

二軒目にぴったりのお店を厳選しました。

2차에 딱 맞는 가게를 엄선했습니다.

二軒目は屋台でいかがでしょうか。

2차는 포장마차에서 어떠세요?

2

近くにおいしいラーメン屋があると伺ったので一緒にいかがですか。

근처에 맛있는 라면가게가 있다고 들어서 함께 어떠세요?

お酒がお好きだと伺ったのでぜひ地元のお酒を飲んでいただきたくて。

술을 좋아하신다고 들어서 꼭 저희 고향 술을 드셔보셨으면 해서요.

3

どうぞご遠慮なさらず召し上がってください。

사양 마시고 드세요.

どうかご遠慮なさらずおかわりなさってください。

사양 마시고 리필하셔도 됩니다.

4

せっかくの機会ですので、お言葉に甘えてもう一杯頂きます。

모처럼의 기회라 염치 불고하고 한 잔 더 마시겠습니다.

お言葉に甘えてありがたく頂戴いたします。

염치 불고 하고 감사히 받겠습니다.

46

식사하기 - 대화 1

본문

戸田サキ ❶こちらの副菜はおかわりできますか。

アン・サンウ もちろんです。特にここは❷自家製のキムチが美味しくて、やみつきになりますよ。

戸田サキ 本当だ！❸シャキッとした歯ごたえがあってとても美味しいです。

アン・サンウ 戸田さんの❹お口に合うようでよかったです。

도다 사키	이 사이드 메뉴는 리필돼요?
안상우	물론이죠. 특히 여기는 홈메이드 김치가 맛있어서 중독되실 거예요.
도다 사키	정말이네요! 아삭한 식감이 느껴져서 정말 맛있어요.
안상우	도다 씨 입맛에 맞으신 것 같아 다행이에요.

단어

おかわり : 같은 음식을 더 먹음, 리필   歯ごたえ : 씹는 맛, 씹을 때의 감촉

221

こちらの副菜はおかわりできますか。
이 사이드 메뉴는 리필돼요?

일본에서는 한국처럼 밑반찬이 공짜로 나오는 경우가 드물고 술을 시켰을 때 나오는 안주(お通し)도 돈을 지불하게 되어있다. 또한 곁들여 나오는 사이드 메뉴는 副菜, つきだし 등으로 표현할 수 있다. 음식뿐 아니라 음료 역시 리필이 가능하냐고 물을 때는 「おかわりできますか」라고 하면 된다.

· **ご飯おかわりお願いします。**
밥 한 공기 더 주세요.

· **麺つゆおかわりできますか。**
면츠유(국물) 더 주실 수 있어요?

 自家製のキムチが美味しくて、やみつきになりますよ。
홈메이드 김치가 맛있어서 중독되실 거예요.

手作り[수제]는 말 그대로 손으로 만들었다는 뜻이기 때문에 재료를 사 와서 직접 요리를 하거나 물건을 만들 때 쓸 수 있는 반면, 自家製[홈메이드]는 집에서 만들었다는 의미가 강하기 때문에 채소나 과일 등을 직접 길러 재료로 사용할 때를 가리키는 경우가 많다. 또한 맛있어서 자꾸만 손이 가는 음식을 두고 「やみつきになる・クセになる」라고 한다.

· **自家製のタレがお肉の味を活かしてくれるので、とても美味しいですよ。**
가게에서 직접 만든 양념장이 고기 맛을 살려서 정말 맛있어요.

· **一度食べたらやみつきになりますね。**
한 번 먹으면 계속 먹고 싶어지겠어요.

222

3 シャキッとした歯ごたえがあってとても美味しいです。
아삭한 식감이 느껴져서 정말 맛있어요.

일본어는 의성어나 의태어 표현이 다양한데, 본인의 감정이나 상황을 보다 더 실감 나게 전달하기 위해 의성어나 의태어를 사용하는 경우가 많다. '아삭하다'라는 것을 シャキシャキ・シャキッと와 같이 말하고, 씹는 맛이 느껴질 때는 「歯ごたえがある」라고 표현한다.

- ピリッと辛い感じがクセになりますね。
  매콤한 느낌이 중독성이 있네요.

- コーヒーの香りが香ばしいですね。
  커피향이 좋네요.

4 お口に合うようでよかったです。
입맛에 맞으신 것 같아 다행이에요.

'입맛에 맞다'는 것을 「口に合う」라고 한다. 상대에게 맛있냐고 물어보고 싶을 때도 「おいしいですか」보다는 「お口に合いますか」라고 하는 편이 좋다.

- お口に合って幸いです。
  입맛에 맞으셔서 다행이에요.

- お口に合うといいのですが。
  입맛에 맞으시면 좋을 텐데.

1 ｜ ウェルカムドリンクはおかわりできますか。

웰컴드링크는 리필돼요?

｜ おかずはおかわりできますか。

반찬은 리필돼요?

2 ｜ 自家製の出汁を使っているので、より味に深みを持たせてい

ます。

직접 우려낸 국물을 쓰고 있어서 맛에 더 깊은 맛을 더했어요.

｜ 甘辛味がやみつきで、ご飯が進みますよ。

매콤달콤한 맛이 중독성이 있어 밥이 계속 넘어갈 거예요.

3 ｜ ビールがキンキンに冷えていてとても美味しいです。

맥주가 시원하게 되어있어서 정말 맛있어요.

｜ こちらのハンバーグはジューシーでとても美味しいです。

여기 함박스테이크는 육즙이 있어서 정말 맛있어요.

4 ｜ お口に合うかわかりませんが、どうぞ召し上がってください。

입맛에 맞을지 모르지만 드셔보세요.

｜ 皆様のお口に合って何よりです。

여러분 입맛에 맞아 다행입니다.

47

식사하기 – 대화 2

🎧 06_47_d.mp3

본문

● ● ●

田中みらい	❶韓国にも立ち飲み屋があるんですか。
ユ・ヘラ	日本ほどではありませんが、いくつかあると思います。❷田中さんはこのお店によくいらっしゃるんですか。
田中みらい	そうですね。❸月に３、４回は来てますね。❹気軽に入れてお得なので、つい足を運んじゃいます。私来すぎですよね。
ユ・ヘラ	いやいや、こんな素敵なお店が近くにあったら毎日通っちゃいますよ。

다나카 미라이	한국에도 서서 마시는 가게가 있어요?
유해라	일본만큼은 아니지만 몇 군데 있는 것 같아요. 다나카 씨는 이 가게에 자주 오세요?
다나카 미라이	그렇죠. 한 달에 세네 번은 와요. 부담 없이 들어갈 수 있고 가격이 저렴해서 찾아오게 되더라고요. 저 너무 자주 오죠.
유해라	아뇨. 이렇게 근사한 가게가 근처에 있다면 매일 오게 되죠.

단어

足を運ぶ : 직접 그곳에 가다, 찾아가다

225

1 **韓国にも立ち飲み屋があるんですか。**
한국에도 서서 마시는 가게가 있어요?

일본에는 서서 먹거나 마시는 가게가 많이 있어, 立ち食い[서서 먹는 것]・立ち飲み[서서 마시는 것]라는 말에 음식 종류를 붙여 立ち食いそば[서서 먹는 소바집]・立ち飲みバー[서서 마시는 바]와 같이 표현하기도 한다.

• **立ち食いそばでしか味わえない美味しさと楽しさがあります
よ。**
서서 먹는 국숫집에서밖에 맛볼 수 없는 맛과 즐거움이 있어요.

• **近くに落ち着いた立ち飲みの店があるんですが。**
근처에 차분한 분위기에서 서서 마실 수 있는 가게가 있는데요.

2 **田中さんはこのお店によくいらっしゃるんですか。**
다나카 씨는 이 가게에 자주 오세요?

가볍게 대화를 전개시킬 때 사용할 수 있는 표현이다. 어느 정도 친분이 있거나 너무 딱딱하지 않은 자리라면 '오시다'라는 존경어로 いらっしゃる 대신 来られる를 사용하기도 한다. 또한 업무를 마치고 다소 편한 분위기에서는 적당한 경어로 대화를 나누는 게 권장되며 다양한 표현을 사용할 수 있다.

• **ここにはよく来られるんですか。**
여기는 자주 오세요?

• **こちらにはよくお邪魔しております。**
여기는 자주 방문해요.

3 月<ruby>つき<rt></rt></ruby>に３、４回<ruby>かい<rt></rt></ruby>は来<ruby>き<rt></rt></ruby>てますね。

한 달에 세네 번은 와요.

어떤 행위를 반복적으로 지속할 때 「月に何回[한 달에 몇 번]」, 「週に何回 [일주일에 몇 번]」

과 같이 표현하곤 한다. 2개월에 한 번, 2주일에 한 번이라고 말하고 싶다면 각각 「２ヶ月に

一回」, 「２週間に一回」와 같이 표현하면 된다.

- 普段<ruby>ふだん<rt></rt></ruby>はめったに来<ruby>こ<rt></rt></ruby>ないですよ。

  평소에는 거의 안 와요.

- 週<ruby>しゅう<rt></rt></ruby>に３回<ruby>かい<rt></rt></ruby>のペースで通<ruby>かよ<rt></rt></ruby>ってます。

  일주일에 3번 꼴로 다니고 있어요.

4 気軽<ruby>きがる<rt></rt></ruby>に入<ruby>はい<rt></rt></ruby>れてお得<ruby>とく<rt></rt></ruby>なので、つい足<ruby>あし<rt></rt></ruby>を運<ruby>はこ<rt></rt></ruby>んじゃいます。

부담 없이 들어갈 수 있고 가격이 저렴해서 찾아오게 되더라고요.

깊게 생각하지 않고 행동할 수 있는 것, 마음 편하고 부담이 되지 않은 모양새를 気軽<ruby>きがる<rt></rt></ruby>라고 말한

다. 일상에서뿐만 아니라 「いつでも気軽<ruby>きがる<rt></rt></ruby>にお越<ruby>こ<rt></rt></ruby>しください[언제든 편하게 오세요]」처럼

예의를 갖추는 관계에서도 사용할 수 있기 때문에 알아두면 유용하게 쓰인다. 또한 부담이 되지

않은 가격을 가리켜 お得<ruby>とく<rt></rt></ruby>[이득이 되는 가격], お手頃<ruby>てごろ<rt></rt></ruby>[구매하기 적당한 가격]과 같이 말하는

경우가 많다.

- 女性一人<ruby>じょせいひとり<rt></rt></ruby>でも気軽<ruby>きがる<rt></rt></ruby>に立<ruby>た<rt></rt></ruby>ち寄<ruby>よ<rt></rt></ruby>れるお店<ruby>みせ<rt></rt></ruby>です。

  여성 혼자라도 부담없이 들를 수 있는 가게예요.

- 値段<ruby>ねだん<rt></rt></ruby>もお手頃<ruby>てごろ<rt></rt></ruby>なので色々<ruby>いろいろ<rt></rt></ruby>頼<ruby>たの<rt></rt></ruby>んでしまいます。

  가격도 적당해서 이것저것 시키게 돼요.

🎧 06_47_p.mp3

1 ┃ 韓国にも日本食を扱うお店がたくさんあるんですか。

한국에도 일본요리를 파는 가게가 많아요?

┃ 近くに昼酒が飲める居酒屋があるんですか。

근처에 낮술을 할 수 있는 술집이 있어요?

2 ┃ こちらのランチはよく利用されるんですか。

여기 점심은 자주 이용하세요?

┃ 次回立ち寄られたらぜひオーダーしてみてください。

다음 번에 들르시면 꼭 시켜보세요.

3 ┃ 月に何回かお世話になってますね。

한 달에 몇 번 오죠.

┃ 週に２回は寄ります。

일주일에 두 번은 들러요.

4 ┃ ランチタイムのサラダセットはお得で大のお気に入りです。

런치타임의 샐러드 세트는 가격이 좋아서 정말 마음에 들어요.

┃ 本格的なのにお手頃で、しかも会社から近いのでよく行って

ます。

본격적인데 가격도 괜찮고 게다가 회사에서 가까워서 자주 가요.

48

식사하기 – 대화 3

🎧 06_48_d.mp3

본문

吉本いちご ❶そろそろお開きにしましょうか。

キム・ジュリ そうですね。終電も逃しそうですし。

チェ・ヒョク 吉本さん、❷締めにラーメンはいかがですか。こんなに盛り上がったのは久しぶりで。

キム・ジュリ 部長、❸吉本さんは明日も朝が早いとおっしゃっていたので、私が最後までお付き合いさせていただきます。

チェ・ヒョク 君とはいつも飲んでるじゃないか。吉本さん、ダメですか。

キム・ジュリ 無理おっしゃらないでください。❹すみません、ここお会計お願いします。

요시모토 이치고　슬슬 마무리할까요?

김주리　그렇네요. 막차도 끊길 것 같고.

최 혁　요시모토 씨, 해장 라면 어떠세요? 이렇게 즐거운 건 오랜만이라.

김주리　부장님, 요시모토 씨는 내일 아침에 일정이 있으시다고 해서 제가 마지막까지 함께 하겠습니다.

최 혁　자네랑은 늘 마시지 않나. 요시모토 씨, 안 될까요?

김주리　무리한 말씀 하지 마세요. 저기요, 여기 계산할게요.

229

본문 해설

1 そろそろお開きにしましょうか。
슬슬 마무리할까요?

お開き[열다]란 모임을 끝낼 때 쓰게 되는 말로, '해산', '종료'와 같은 의미를 갖는다. 이것은 피로연이나 연회 등에서 終わり[끝나다], 散会[흩어지다], 閉会[닫히다]와 같은 부정적인 느낌을 갖는 말을 쓰는 것을 피하기 위해 생겨난 표현이라고 한다.

• それではお開きにしたいと思います。この後は二次会も 企画しておりますので、ぜひご参加ください。
그럼 모임을 끝내도록 하겠습니다. 이다음은 2차도 준비되어 있으니 꼭 참석해주세요.

• 時間の都合上、この辺でお開きにしたいと思います。
시간 관계상 이쯤에서 마무리할까 합니다.

2 締めにラーメンはいかがですか。
해장 라면 어떠세요?

여러 가게를 옮기며 혹은 한 자리에서 이것저것 시켜 먹은 뒤 마지막에 먹는 음식을 締めら고 한다. 술을 마셨다면 '해장'에 해당하는 것이 바로 이것이며 〆라고 표기하는 경우도 있다. 또한 계속해서 장소를 바꿔가며 술을 먹는 것을 はしご酒라고 하는데, 이는 사다리(はしご)를 타듯 가게를 옮긴다는 의미로 쓰이는 표현이다.

• 韓国では鍋料理の後、締めにポックンパを食べるんですね。
한국에서는 전골을 다 먹고 나서 마무리로 볶음밥을 먹는군요.

• 上野ではしご酒いかがですか。
우에노에서 2차 3차 계속 어떠세요?

230

3 吉本さんは明日も朝が早いとおっしゃっていたので、私が最後までお付き合いさせていただきます。

요시모토 씨는 내일 아침에 일정이 있으시다고 해서 제가 마지막까지 함께 하겠습니다.

다음 날 아침에 일정이 있거나 일찍 일어나야 하는 경우 「朝が早い」라는 표현을 사용할 수 있다. 저녁 모임 자리에서 먼저 일어나야 하는 이유를 간단하게 설명할 수 있는 유용한 말이다. 또한 누군가와 동행하겠다고 할 때 「お付き合いさせていただきます・お供させていただきます」라고 한다.

- 明日は朝が早いので、お先に失礼します。

  내일 일찍부터 일정이 있어서 먼저 일어나보겠습니다.

- 喜んでお供させていただきます。

  기쁜 마음으로 함께 하겠습니다.

4 すみません、ここお会計お願いします。

저기요, 여기 계산할게요.

計算은 산수를 한다는 의미에서의 계산이므로, 식사를 마치고 돈을 지불할 때는 会計라는 말을 쓰도록 한다. 이때 会計대신 勘定라는 말을 쓰는 경우도 있는데, 더치페이를 의미하는 割り勘이란 원래 割り前勘定의 줄임말로, '각자에게 주어지는 대금'을 가리킨다. 또한 가게에서는 '계산'을 두고 お愛想라는 말을 쓰기도 하지만 손님이 사용하는 것은 부적절하다.

- お勘定お願いします。

  계산 부탁드려요.

- まとめてお会計できますか。

  한꺼번에 계산해도 될까요?

1 ┃ 今日はこれでお開きにしましょう。

오늘은 이걸로 끝냅시다.

┃ 今回はこの辺でお開きといたします。

이번에는 이쯤에서 끝내도록 하겠습니다.

2 ┃ 鍋の締めには定番の雑炊がいいですね。

전골 먹고 마지막에는 늘 먹는 죽이 좋죠.

┃ まだ飲み足りないですよね。締めにもう一軒行きませんか。

더 마시고 싶지 않으세요? 마지막으로 한군데 더 안 가실래요?

3 ┃ 責任を持ってとことんお付き合いさせていただきます。

책임지고 끝까지 함께 하겠습니다.

┃ 夜のお食事もお供させていただきます。

밤 식사도 함께 하겠습니다.

4 ┃ お会計は別々でお願いします。

계산은 따로 할게요.

┃ お会計はレジですか。

계산은 카운터에서 하나요?

임진우	백합산업의 임진우라고 합니다. 야나기 님 휴대폰이 맞습니까?
야나기 카오루	네. 야나기입니다. 신세를 지고 있습니다.
임진우	늘 신세를 지고 있습니다. 휴대폰에까지 전화해서 죄송합니다. 견적 건으로 지금 얘기 나눌 수 있을까요?
임진우	백합산업의 임진우라고 합니다. 야나기 님 휴대폰 맞습니까?
야나기 카오루	네. 야나기입니다.
임진우	늘 신세를 지고 있습니다. 지금 얘기할 수 있을까요?
야나기 카오루	죄송합니다. 지금 잘 안 들리는 곳에 있습니다.
임진우	실례했습니다. 그럼 조금 후에 다시 전화 드리겠습니다.

가게	전화 주셔서 감사합니다. 비스트로 AB입니다.
본인	실례합니다. 예약하고 싶은데요.
가게	네, 감사합니다. 그럼 원하시는 날짜를 부탁드립니다.
본인	10월 5일 6시부터 다섯 명 부탁드립니다.
가게	확인하겠습니다. 10월 5일 6시부터 다섯 분이시죠? 죄송합니다만 예약자분 성함과 전화번호를 부탁드리겠습니다.
본인	박유리라고 합니다. 090-1234-5678입니다.
가게	알겠습니다. 그럼 저희 가게에서 10월 5일 6시부터 다섯 분 자리 준비해 두겠습니다.
본인	잘 부탁드립니다.
가게	네, 감사합니다.

233

스즈키 유이	네, 일본식품입니다.
김마미	오랜만에 연락 드립니다. 서울지점의 김마미입니다만 아라가키 부장님 계신가요?
스즈키 유이	저야말로 오랜만입니다. 죄송합니다만 공교롭게도 아라가키 부장님은 자리에 안 계십니다. 돌아오시면 연락 드릴까요?
김마미	실례합니다만 언제쯤 돌아오실까요?
스즈키 유이	지금 아라가키 부장님은 손님과 대화 중이라 시간이 조금 더 걸릴 것 같은데 뭔가 급한 용무라도 있으세요?
김마미	클레임 건으로 상담할 게 있어서 연락 드렸습니다. 그럼 돌아오시는대로 전화해 주십사 전달해주세요.

임진우	오래 기다리셨습니다. 백합산업 영업부 임진우입니다.
미즈하라 사치코	늘 신세를 지고 있습니다. 장미제약 광고부의 미즈하라라고 합니다.
임진우	미즈하라 님이시군요. 항상 감사합니다.
미즈하라 사치코	정 님은 계신가요?
임진우	마케팅부의 정 씨 말씀이시군요. 지금 바꿔드릴 테니 잠시만 기다려 주세요.
	~보류가 길어짐~
임진우	오래 기다리게 해서 죄송합니다. 지금 정씨는 다른 전화를 받고 있어서 10분 후에 다시 걸어도 될까요?
미즈하라 사치코	알겠습니다. 그럼 부탁드릴게요.

안상우	늘 많은 신세를 지고 있습니다.
타카하시 타케루	저야말로 신세를 지고 있습니다. 죄송한데 제조과의 주 과장님은 계신가요?
안상우	죄송합니다. 주 과장님은 지금 외출 중이라서 오늘 5시쯤 돌아올 예정입니다만.
타카하시 타케루	그럼 돌아오시는 대로 전화 주시겠습니까?
안상우	네 알겠습니다. 전화번호를 여쭤봐도 될까요?
타카하시 타케루	그럼 말씀드리겠습니다. 0 2 x x x x입니다.
안상우	네 복창하겠습니다. 0 2 x x x x 가 맞으신가요?
타카하시 타케루	네 맞습니다.
안상우	주 과장님이 회사에 오시는 대로 전화 드리겠습니다.

김주리	오래 기다리셨습니다. KR상사의 인사부입니다.
코이즈미 타케히코	주식회사 JP의 영업부 코이즈미라고 합니다.
김주리	코이즈미님 늘 대단히 신세를 지고 있습니다.
코이즈미 타케히코	저기, 기획부 박 님은 계신가요?
김주리	공교롭게도 박 씨는 자리를 비워서 돌아오시는 대로 전화 드리도록 전해드릴까요?
코이즈미 타케히코	그럼 휴대폰 번호를 가르쳐 주시겠어요?
김주리	번거롭게 해드리기 죄송하니 바로 저희가 연락을 취해서 박 씨가 코이즈미님께 다시 전화 드리도록 전하겠습니다.
코이즈미 타케히코	괜찮으시면 라인 아이디라도 가르쳐 주실 수 있나요?
김주리	정말 죄송합니다. 저희 회사 규정에 따라 개인 정보를 알려드릴 수 없습니다.

제목 : 새해 인사

도자이주식회사
가제하야 님

봄을 맞이하여 인사를 드립니다.
주식회사 난보쿠의 고이즈미입니다.
작년에는 대단히 신세를 지게 되어 정말 감사합니다.
올해도 귀사의 발전에 기여할 수 있도록 직원들이 함께 업무에 힘쓰고자 합니다.
올해도 잘 부탁드립니다.
여러분의 건강과 행복을 진심으로 기원합니다.

제목 : 연말 인사
에도가와상사 쿠로누마 님

항상 대단히 신세를 지고 있습니다.
벤케이상사의 요시오카입니다.
올해도 얼마 남지 않았습니다만 귀사 날로 번영하시기를 바랍니다.
올해는 쿠로누마님께서 도와주신 덕에 무사히 업무를 진행할 수 있어서 진심으로 감사드립니다.
내년에는 보다 더 도움이 되고자 노력할 예정이오니 계속해서 지도해 주십사 부탁드립니다.

또한 올 연말은 12월 27일(월)까지 연초는 1월 5일(수)부터 출근합니다.
새해 복 많이 받으세요. 새해에도 잘 부탁드립니다.

P125 **23과 해석** ────────────────────────

제목: 오늘 계약에 대한 감사인사

마르바츠 상사 기획부
마츠다 마모루 님

평소부터 대단히 신세를 지고 있습니다.
오늘 저희 회사 상품인 아츠카이시리즈를 제안해 드렸던 영업부의 박이라고 합니다.
이번에는 바쁘신 중에 귀중한 시간을 주셔서 정말 감사드립니다.

귀사와 앞으로 거래를 할 수 있게 되어 매우 기쁠 따름입니다.
저희 회사 상품에 관해 불명확한 점이나 의문점 등이 있으면 편하게 상담해 주십시오.

귀사의 요망에 부응할 수 있도록 더욱 노력을 더해 가겠사오니 오랫동안 관심과 성원을 부탁드립니다.
우선 감사 말씀을 겸해 인사드리게 되었습니다.

P129 **24과 해석** ────────────────────────

제목: 발송 지연에 대한 사과

주식회사 슌카슈토 요시카와 님
평소부터 대단히 신세를 지고 있습니다.
나츠메물산의 민주현입니다.

주문해 주신 서적의 발송과 관련해 발송이 지연되어 큰 민폐를 끼치게 된 점 진심으로 사과드립니다.
이번에 생산지인 부산에서 폭우에 따른 교통마비가 원인이 되어 상품 발송에 영향을 끼치게 되었습니다.
방금 저희 회사 물류 센터에 확인했더니 내일 즈음에는 발송 준비가 될 것 같습니다.
확실한 배송 스케줄이 잡히는 대로 다시 알려드리겠습니다.
바쁘신 중에 죄송합니다만 도착할 때까지 시간이 걸리는 점 이해해 주십사 부탁드립니다.
이렇게 메일로 말씀드리게 되어 송구합니다만 사과 인사차 연락드렸습니다.
앞으로는 이러한 일이 없도록 충분히 주의하겠습니다.
대응이 서투른 점 양해 바랍니다.
대단히 실례했습니다.

제목: 공장견학 부탁

주식회사 피스 제조소 가네다 님

평소부터 대단히 신세를 지고 있습니다.
마루바츠산업 총무부의 이철이라고 합니다.
오늘은 귀사의 요코하마공장 견학을 부탁드리고자 연락 드렸습니다.
신입사원 연수의 일환으로 공장을 견학하고 제품의 생산과정을 직접 보면 책임감과 동기부여가 생길
거라고 생각합니다.
정말 죄송하지만 공장견학에 관해서는 이하와 같이 계획하고 있습니다.
또한 일정이 맞지 않으신 경우는 귀사의 사정에 맞춰 예정을 변경하겠습니다.

희망일: 6월 3일~ 6월 25일 중 이틀
견학장소: 귀사 요코하마공장
견학자: 저희 회사 신입사원 10명 ※ 연수 담당자 포함
바쁘신 중에 정말 죄송합니다만 아무쪼록 잘 부탁드립니다.

제목: BB에 관한 문의

재팬 주식회사
영업부 마루야마 나나 님

갑작스럽게 연락드려 죄송합니다.
코리아 주식회사 상품부 홍준기라고 합니다.

이번에 저희 회사에서는 귀사의 상품 BB에 대한 구매를 검토하고 있습니다.

바쁘신 중에 죄송합니다만 디테일을 알 수 있는 자료를 보내주실 수 있을까요?
죄송하지만 8월 2일 사내 회의에서 이용을 검토하고자 하오니 그때까지 보내주시면 감사하겠습니다.

번거로우시겠지만 아무쪼록 잘 부탁드립니다.

제목: 회식 일정

무사시은행 총무부 스즈키 님
항상 신세를 지고 있습니다.
에도가와상사의 요시무라입니다.
제목건에 대해 회식 일정이 하기와 같이 결정되어 연락드립니다.
바쁘신 중에 죄송합니다만 확인하고 회신 주십사 부탁드립니다.

기

일시: 9월 20일 (목) 18:00
장소: 가스미소 레스토랑
　　　서울시
　　　연락처: 02-
* 못 드시는 식재료가 있거나 알러지가 있으시면 저에게 알려주세요.
꼭 참석해 주십사 잘 부탁드립니다.

히카리상사 주식회사
영업부 야마다 료 님

A&B
영업본부장 박유리

가격 개정 부탁

배계 귀사 더욱이 번영하시기를 기원합니다. 평소부터 각별하게 애정을 주셔서 정말 감사드립니다.
대단히 말씀드리기 어렵습니다만 최근에 원자재, 인건비, 운임 등의 상승에 의해 저희 회사에서도 지금까지의 거래 가격으로는 아무래도 타산이 맞지 않게 되었습니다.
따라서, 정말 죄송합니다만 오는 10월 1일부터 별지대로 도매가격을 5% 인상하고자 합니다.
앞으로도 한 층 품질, 서비스 레벨의 향상에 착수하여 더 만족할 수 있도록 전력을 다할 각오입니다.
아무쪼록 헤아려 주시고 양해해 주십사 부탁드립니다.

배상

P149 **29과 해석** ─────────────────────────────

제목: Re : 일 상담
주식회사 A&C
총무부 과장 토다 유이 님

그동안 인사 못 드려 죄송합니다.
원래라면 저희 쪽에서 연락을 드렸어야 했는데 죄송합니다.
토다 님은 별일 없으십니까?
상담해주신 건입니다만 꼭 맡고 싶습니다.

관련하여 자세한 사항에 대해 설명 드리고 싶은데
다음 주 일정은 어떠신지요.
잘 부탁드립니다.

P153 **30과 해석** ─────────────────────────────

제목: Re. 감사합니다.

장미 제약
마츠우라 님

신세를 지고 있습니다. 신경 써서 메일 주셔서 감사합니다.
마츠우라 님의 변함없는 배려에 감사하고 있습니다.
어제는 만나 뵙게 되어 반가웠습니다. 또 와주시기를 기다리고 있겠습니다.

이번 프로젝트도 아직 갈 길이 멉니다만
부디 앞으로도 잘 부탁드립니다.

또한 이 메일에는 회신하지 않으셔도 됩니다.